梁国典 主编

儒家政治文化

# 与权力对话

林存光 侯长安 著

儒家文化大众读本

# 总序

在中华民族伟大复兴的进程中，“孔子热”“儒家文化热”方兴未艾。在这样一种热潮中，也有“冷”的一面：即大众对孔子、儒家文化所知甚少；而系统地、通俗地介绍儒家文化的读物也不多。由此，中国孔子基金会自2008年起，策划并组织编写“儒家文化大众读本”丛书，旨在向大众普及儒家文化的基本知识，弘扬优秀传统文化，发掘固有资源，建设当代先进文化。历经两年，现在已陆续出版。

儒家文化是以儒学为基础发展起来的文化，是中国传统社会的主流文化。儒学与儒家文化既有联系，又有区别。儒学专指儒家的思想学说，儒家文化则是指以儒学化成天下、移风易俗而形成的文化。以往的研究大多偏重于儒学，而对于儒家文化甚少涉及，更谈不上普及。编撰儒家文化大众读本，主要目的是向读者提供有关儒家文化知识，让读者对儒家文化有一个基本的认知，了解儒家文化的优点和特点，以及儒家文化在当代社会的价值。为此，我们着眼于儒家文化几个大的方面拟出选题。“儒家文化大众读本”丛书是关于儒家文化的普及性系列作品，要求作者是专家、大家：专家搞普及，大家写小书。我们通过向社会招标、专家推荐等形式在全国选出了10位作者，完成了10个选题：儒家教育文化（郭齐家著）、儒家法文化（俞荣根著）、儒家生态文化（乔清举著）、儒家伦理文化（唐凯麟、陈仁仁著）、儒家教化（杨朝明著）、儒家孝悌文化（舒大刚著）、儒家政治文化（林存光、侯长安著）、儒家礼乐文化（丁鼎、郭善兵著）、儒商文化（戢斗勇著）、儒家文化与世界（施忠连著），这些著作都凝聚着作者在探索普及儒家文化方面花费的心思和功夫及其奉献精神。

编委会明确要求，“儒家文化大众读本”丛书是在学术研究基础上的通俗性、普及性的介绍之作，富有经典性、文学性、教育性。首先，作者对儒家文化有精深研究，能够深入浅出地予以表达，对某一专业作全面系统、客观忠实的说明和介绍，重点写那些仍有现代价值的、有助于人们认识儒家文化的内容；其次，在素材选择、主题提炼，以及运笔形式、行文风格上，都要融入现代意识，力求与时代精神相契合。再次，充分吸收已有的研究成果，化用自己的文字予以表述，使用大众语言，舍去一些艰深聱牙的言辞，不使用学术语言，多使用叙述性、描述性的语言，要求通俗易懂，活泼流畅，有文采，雅俗共赏。

好东西要让大众“消化”，这不是件轻而易举之事。很多时候，好东西不合大众的胃口，不是好东西本身出了问题，而是推销的人对“大众化”有误解。有人觉得大众的水平就是入门的“一、二、三”，就是“小儿科”，于是将适合大众的通俗易懂当成粗陋浅薄，将“大众化”工作视为掉价的事儿，不愿为甚至不屑为——即使勉强为之，也是肤皮潦草，权当应付。

事实上，真正的大家，从来不敢轻视“大众化”，而是将之看作对学问的一种挑战。因为他们知道，做“大众化”工作，不仅要有高深的学问作底子，而且还要把这些学问用简洁明晰的语言表述出来，最终达于大众的内心。正所谓“真佛只说家常话”。过去，我们有很多说“家常话”的“真佛”。1938年，朱自清先生受人之托写一部介绍中国古代文化精华的书，后来“意无不达”“雅俗共赏”的《经典常谈》便问世了。至今该书多次印行，本身成为大众阅读的经典。再如，上世纪40年代，任教西南联大的王力先生应邀写小品文，其一专栏名为“龙虫并雕斋琐谈”。“龙虫并雕”之谓，就是表示他既写学术论著，也写普及性文章。王先生是语言学大家，说写小文章是“雕虫”，并不意味着那就是雕虫小技。相反，他在“雕虫”方面花的心思和功夫尤多，且以此更加声名卓著。他的《诗词格律》等“雕虫”之作脍炙人口，成为弄懂古代诗词的必读之作。

这份“真佛”的名单可以列得很长：钱穆、吕思勉、朱光潜、冯友兰、钱钟书……他们无一不是做学问的大家，也无一不是普及学问的高手。他们对待经典的态度以及为“大众化”所作的努力，留给后人许多珍贵的启示。大众读本强调大众的接受度，倡导“老百姓喜闻乐见”，就是要注重大众的切身感受与认知能力。但这不是降低标准、“浅入浅出”，而恰恰是要求“大众化”深入浅出，将高明的道理用“家常话”说出来。我们这套“儒家文化大众读本”丛书是否做到了这一点，还得由广大同仁和热心读者评说，我们将日臻完善，继续做好这项工作。

中国孔子基金会会长 韩喜凯

2010年9月9日

# 目录

总序 韩喜凯

导言 (1)

仁爱、礼义与政治——儒家之道的政治含义 (1)

一、修己与治人 …… (3)
二、仁心与仁政 …… (16)
三、君道与礼治 …… (31)
四、何去何从：王道与霸道之争 …… (48)
五、民惟邦本：政治的人民性维度 …… (59)
六、内圣与外王 …… (77)

**道与势之间——儒教中国的基本问题** （85）

一、治乱的循环：王朝政治的历史 …………………………… （88）

二、理想与现实之间：儒家化的政治角色期望 ……………（110）

三、儒教中国的文化政治理念 ………………………………（139）

**历史变革与政治斗争——儒家形态的政治改革与党争运动** （171）

一、王莽改制 ……………………………………………………（171）

二、东汉末清议与党锢之祸 ……………………………………（179）

三、王安石变法 …………………………………………………（185）

四、东林党社运动 ………………………………………………（194）

五、晚清维新变法运动 …………………………………………（199）

**政制与科举——制度化的儒家政治文化** （205）

一、皇权与儒家教育 ……………………………………………（206）

二、历代选官制度 ………………………………………………（212）

三、科举制：中国的“第五大发明” …………………………（219）

**结语** （227）

**后记** （233）

# 导言

身处危时乱世之中，孔孟儒家基于对宇宙与人生问题的认识与感悟，对自身与他人的心性修养问题的反省与体验，对政治问题的了解与民生问题的关切，对社会伦理与道德生活的洞察与体认，对人文价值领域的永恒道义的追求与信守等，发展出了一套系统而独具特色的有关人生、教育、道德伦理、社会政治的思想学说。

孔孟之道或儒家之学，既是一种个人修身的人生学问，亦是一种善待他人的生活伦理；既是一种人文教养的精英传统，亦是一种治国安人的政治学说。

它大体具有两个基本的面向或维度，一是对个人独立人格的坚持和对个人道德修养的关注，使孔孟儒家发展出了一套“匹夫不可夺志”与“穷则独善其身”，或内省不疚、俯仰无愧而但求一己之心安的修身为己之学；二是对社会伦理秩序、政治民生问题的关切，又使孔孟儒家同时发展出了一套“达则兼善天下”，或以王道仁政为核心的治国平天下的社会理想和政治学说。这两个方面既彼此相关，又不容混淆。前者是后者的前提与根基，后者是前者的延伸和目标。然而，在现实生活中，两者的实现并无一种逻辑的先后关系。

无论是“修身为己”或“独善其身”的心性修养，还是“兼善天下”的“经世济民”或治国平天下的社会理想和政治学说，儒家所追求的显然不是古希腊哲学家所探求的那种知识性的真理，而是一种人文性的道义，一种向内反身讲求道德性命、向外提撕上达天命天理的人文道德信念。不过，正像古希腊著名政治哲学家柏拉图追求实现知识或真理与权力相结合的哲学王理想那样，孔孟儒家也希望能够在人间现世实现道义或人文道德信念与权力相结合的圣王理想。正因为如此，所以他们才会有一种强烈的积极入世的精神与情怀，而去与拥有专断的权力意志和胸中充满各种欲望和妄念的现实统治者打交道，温和的对话与激烈的争辩、观点的交流与立场的冲突是在所难免的。

自汉武帝“罢黜百家，独尊儒术”之后，儒教中国时代的一个内部焦点问题正是王权与儒教的关系问题。一方面，儒术、儒教、儒学获得了一种合法地参与政治生活及其意义建构的政治文化角色；而另一方面它又不得不依附于专制王权为用，即不得不在维护专制君主统治的前提下来发挥其政治功能，实现其政治价值，因为正是王权在尊崇儒术、奉行儒教、表彰儒学，处于政治上的真正支配地位的始终是专制帝王。然而，参与性和依附性的政治文化角色又并不意味着作为整体的儒术、儒教和儒学完全沦落为了一种纯粹御用化的工具，儒家的士人学者也并未完全背离或丧失先秦古典儒家的独立品格与精神，也就是说，在专制帝王的权力意志和欲望与儒家的道义和信念之间又始终存在着某种难以消除和克服的紧张。

专制王权总是依照其自私的权力意志与欲望来行事，而儒家的士人学者要入世而参与政权，就不能不屈服于专制君主的权力规制之下，乃至儒家的圣王理想及其王道仁政的主张终究难以在现实中真正实现。然而，作为整体的儒家从来没有把其道义、信念、理想和良知完全出卖给专制君主，对话情景会时常在儒教中国的历史中发生，当然，对话不可能是一帆风顺的，充满着观念的差异与对立、精神的紧张与冲突。

不过，总的来讲，汉以后儒教受到王权尊崇的儒教中国的历史，主要就是由掌握政治权力的统治阶级支配、由拥有人文道义或文化教养的儒家士人精英阶层参与塑造的历史。如果说统治阶级掌握的政治权力是一种有形的制度性的“硬权力”的话，那么，儒家的士人精英所拥有的文化教养或坚守的人文道义则可以说是一种无形的精神性的“软权力”。统治者对儒术、儒教、儒学的独尊与表彰本身，即是对儒家士人精英阶层的一种文化赋权。然而，严格来说，这种所谓的“软权力”，与专制帝王所掌握的“硬权力”是绝对不相对称的，而只不过是权力的一种形式而已，它必须在儒家的人文教养经过长期积累或持久延续而形成为了一种稳固传统的基础上来发挥作用。

但不管怎样，专制帝王与儒家学者、王权与儒教及其两种权力之间的对话、博弈、互动与冲突，却共同塑造了整个儒教中国的主要历史面貌与政治形态。在其中，尽管真正起支配作用的是专制帝王的政治权力，但儒家的政治文化信念和“软权力”却为专制帝王的政治权力及传统政治形态的演生与运行提供了至关重要的价值信念支撑和思想文化环境。

一般而言，所谓的政治文化，是指某一国家或民族在特定时期流行的一套政治态度、信仰和感情，而我们所谓的儒家政治文化也就是指儒家的政治性的、同时亦是道义性的人文价值信念和思想文化资源，诸如圣法、古制、天命、王道、仁政、民本、仁爱、礼义、纲常、名教、忠孝、教化、经典、德教、礼治、大同、小康、太平、天理、良知等等，它们为统治者的政治权力的正当行使及传统政治形态的演生与运行发挥着支撑或引领、构筑着基础或环境的历史作用。

# 仁爱、礼义与政治

## ——儒家之道的政治含义

儒家思想学说的开宗立派的创始人和奠基者——“至圣”孔子（名丘，字仲尼，前551—前479年）、“亚圣”孟子（名轲，约前372—前289年）和一代儒学宗师荀子（名况，约前298—前238年）生活在晚周衰乱之世，即春秋战国时代（前770—前476年为春秋时期，前475—前221年为战国时期），这是中国历史上的一个非常特殊的时代。

这不仅是一个动荡不安、充满危机与苦难的时代，也是一个革故鼎新、充满生机与活力的时代。

这不仅是一个战争频繁、民不聊生的时代，也是一个思想活跃、哲人辈出的时代。

这不仅是一个世袭的封建贵族政治逐渐走向衰落与颓败而易于产生暴力和苛政的时代，也是一个思想自由、理想高扬、孕育了强烈的政治批评精神而易于产生新思想的时代。

这一时代，社会政治领域正经历着一场前所未有的深刻转型的大变革，从而使它成为中国历史上的一大分水岭。

这一时代，思想文化领域也正发生着一场震古烁今的诸子百家的大争鸣，从而使它成为了中国历史上迄今仍然令人心向神往的一个“学无拘禁，思想自由”的“黄金时代”。

正是在这样一个时代，周文疲敝，礼崩乐坏，社会失序，政治腐败，问题丛生，引发催生了富有良知的政治家和思想家们的无穷的忧思，动荡不安、变革日剧的时代潮流在激荡着思想家们求道救世的热情，乃至诸子百家异说蜂起，大放异彩，在争鸣中纷纷提出他们各自不同的挽救时弊的社会政治纲领与方案。

正是在这样一种时代的精神氛围中，孔、孟、荀等儒学大师们积极投身到经世济民、求道救世的时代激流之中，他们怀抱着治国理民、平治天下的伟大政治抱负，打着古圣先王之道的旗号，倡导修身为本和忠恕仁爱的精神，以德化礼治和仁政王道的理想相号召，在政治理论上做出了自己独特而重要的思想贡献。

## 一、修己与治人

孔子生活在春秋晚期，这是一个世袭的封建贵族政治逐渐走向衰落与失势的时代，由于原先的礼乐制度日趋于崩坏，滋生出种种僭越礼制的破坏性行为，以至于社会失范，人心大乱。正是因为生活在这样一个礼崩乐坏、世事衰乱而易于产生暴力和苛政的时代，所以，孔子极力地要维护和兴复周代的礼乐制度与文化传统，倡导仁爱的精神，主张以礼治国、以德化民的治国方略。为了挽救混乱、迷失的人心世道，重整世界秩序，重塑统治阶级在权力行使和政治统治上的正当性与合法性，孔子所看重和崇尚的乃是权力以外或超越权力之上的道德与仁义、智慧与修养。综合来讲，我们可以将孔子提出的一系列政治理想与主张概括地称为修己治人之道。

### 1. 苛政猛于虎

孔子过泰山侧（《圣迹图》泰山向政图）

《礼记·檀弓下》篇曾经记述过这样一个孔子"过泰山侧"时发生的故事：

孔子和子路师徒在前往齐国的游历途中，经过齐、鲁之间的泰山山麓，此处重峦叠嶂，山林茂密，郁郁葱葱，经常有野生的老虎在此出没。

正行进间，忽然看到有一位中年妇人正在一个死者的墓前祭奠痛哭，哭声从远处传来，孔夫子命子路停下车，侧耳细听后，关切地叫子路前去探察寻问其故。

子路问妇人："您哭得这样伤心，家里一定发生了什么严重的事情吧？"

妇人回答说："正是这样。从前我公公是被老虎咬死的，后来我丈夫又被老虎咬死，现如今我儿子也被老虎咬死了。这叫我怎能不伤心呢！"

孔夫子听妇人这样讲，同情地问道："那你们为何不离开这里呢？"

妇人的回答令孔子颇感震惊，她说："这里没有赋税繁重的苛政啊！"

孔夫子闻听此言，心情感到异常地沉重，神色凝重而感慨地对子路说："你们要将这件事牢记在心，苛政猛于虎啊！"

苛政猛于虎，这就是孔子生活于其中的那个时代的社会政治生活的现实状况，孔子经过泰山之侧所了解到的这位妇人的悲惨遭遇虽然只是这种现实状况的一个小小的缩影，但它却是对当时那种由暴虐的苛政所带来和造成的普遍的政治败坏和社会黑暗现象的最真实的写照。

宁死于虎口，也不愿生活在苛政之下！这不仅是一种无奈的选择，更是对那个时代的暴虐的统治者及其苛政的最悲愤的控诉！

社情民意如此，那么，谁才能拯生民于水火，解万民于倒悬？谁又能真正为人民的心声代言，为人民的利益奔走呼告？

在这样一个人民无法主宰和支配自己命运的时代，也只有将希望寄托在那些富有良知的政治家和思想家身上了。

孔子可以说正是他那个时代最富有良知的思想家和政治活动家的著名代表人物之一，而反对暴君苛政、希望统治者以仁爱之心施行富民利民的治国之策也正构成了他整个政治思考的出发点和归宿。

孔子行教像
（唐·吴道子绘）

统治者的昏庸无道或者无所作为以及“苛政猛于虎”的政治现实令他痛心疾首，正是基于对现实政治的这种败坏状况的深切感受，激励着他一生做着复兴古圣先王的良法善治的梦想，怀抱着“老者安之，朋友信之，少者怀之”的伟大志向以及修己以安人、修己以安百姓乃至“博施于民而能济众”的宏愿、理想和抱负，“知其不可而为之”地执著地为国计民生、为大众百姓的利益和福祉而向统治者建言献策，奔走呼告。为此，他不得不周游列国，而在长达十四年之久的颠沛流离的羁旅生涯中，虽然经历了无数的艰辛和磨难，他却始终矢志不渝。

**2. 仁爱与礼治**

面对昏庸无能乃至嗜杀好战、残暴无道而不顾民生疾苦的统治者，孔子的政治态度和立场是坚定而明确的，那就是批评暴政，反对杀戮，真诚地希望统治者能够以仁爱之心发政施教，以道德感化老百姓的心灵，用礼义规范老百姓的行为，引导他们走上正确的生活轨道。

在学生樊迟向孔子请教什么是“仁”的问题时，孔子给出了一个最著名的回答，那就是“爱人”。其实，这也可以说是孔子面对西周宗法封建制下世袭贵族的传统权力越来越具有一种不守礼法的、无节制的“暴力”倾向的政治现状，所发出的一种人道主义呼声。

孔子所谓的“爱人”，并不是指一种纯粹情感化的表达方式，不是指以姑息的方式对待、爱护他人，而是指富有仁爱之心的君子应该以道德的方式去对待、爱护他人，这就叫“君子爱人以德”，即用自己的道德人格来感化和教育他人向善、以礼义来规范和引导人民的行为，所以孔子所谓的仁者爱人更主要地体现了一种合乎道德和礼义地对待他人以及如何正确地治理国家和人民的道德理性的精神与原则。

如果换一种表达方式的话，孔子所崇尚的仁爱精神及其体现的道德理性的原则,也就是所谓的“忠恕之道”。这可以说是孔子的整个思想学说中最富有光彩的地方。

有一次,孔子对学生曾参这样说:“参呀！我的思想学说贯穿着一个基本观念。”

但是，孔子并没有具体解释说这个基本观念究竟是什么。所以，别的学生就问曾参：“老师的话究竟是什么意思呢？”

曾参就说:“老师是说，他老人家的思想学说中贯穿着的一个基本观念，不过就是忠和恕罢了。”

所谓的“忠恕”,是指对待他人的两种基本原则。“忠”是从积极方面来讲的，就是所谓的“己欲立而立人，己欲达而达人”，意思就是，自己具有独立的意志和品格，也要尊重或帮助他人培养自己的独立的意志和品格,同样,自己想要有所发展和成就,也要帮助他人像自己一样有所发展和成就;“恕”是从消极方面来讲的，就是所谓的“己所不欲，勿施于人”，意思就是，自己所不希望要的，也不要强加给他人，比如自己不想受到伤害，那就不要去伤害别人。这两项原则迄今仍然被人看作是处理与他人关系应遵循的黄金法则。

孔子的忠恕之道，在实施的过程中事实上又必然会落实在一种推己及人的原则之上，即将善待自己的方式或对待自己父母兄弟的方式推广施及于他人，去善待他人或他人的父母兄弟。

“大舜行孝，象为亲耕”图

因此，孔子提倡的仁爱精神又特别强调孝悌（孝敬父母、尊重兄长）的德行和伦理情谊，并希望以此为根基来培养推己及人的“泛爱众”的仁爱精神，乃至在仁爱的基础上重新建立一种合理正当的统治关系。

将仁爱和忠恕之道具体运用到对国家和人民的治理的政治问题上，就是所谓的“道（导）之以德，齐之以礼”以及富而教之。

在孔子看来，对老百姓施行“道之以德，齐之以礼”的治理方式，比单纯地“道之以政，齐之以刑”的统治方式，会更加合理而有效。单纯地使用行政命令和刑罚惩处的方式来训斥和强制人民服从，人民将会心存侥幸而只求逃避受罚，而不会有羞耻之心；反之，如果统治者能够采取道德教化和礼义规范的治理方式，人民就会受感化和引导而心生羞耻之感，从而自觉地端正自己的行为。

孔子不仅重视对民众的道德教化，他还格外关心人民物质生活水平的改善和提高，并主张统治者应轻徭薄赋而有节制地役使人民。

据《论语·子路》记载：

鲁定公十三年（前497年），55岁的孔子带着他的部分学生开始周游列国，他们首先决定西行到卫国去。

进入卫国境内，看到沿途人烟稠密，孔子不禁感叹道："这里人口真多呀！"

听老师这样讲，正在驾车的冉有便借机向老师请教治国之道，问道："人口已经众多了，然后应该怎么办呢？"

"使他们富裕起来。"孔子回答说。

"人民生活富裕了，那又该怎么办呢？"冉有又问道。

孔子回答说："教育他们。"

先富而后教之，这是孔子在周游列国途中发表的第一条重要的政见，孔子强调为政者应首先让人民能够过上物质上富裕的生活，然后再对他们进行道德、礼义上的教化与引导。可以说，孔子是我国历史上最早提出富民主张的思想家之一。

关切民生，主张在富民的基础上对老百姓施行德教礼治，以及强调统治者应该以礼让治国和取信于民，这些都充分体现了孔子的政治情怀与信念。正因为如此，他才明确地反对用杀的方式来对付人民。

鲁哀公十一年（前484年），68岁的孔子终于结束长期在外周游奔波的羁旅生活，而回到阔别已久的故乡鲁国。归鲁后的孔子，虽然仍然没有受到统治者的真正重用，但还是比较受执政当权者的礼遇和敬重的，鲁哀公和执政大夫季康子就曾多次向孔子请教治国理政之道的问题，为此，孔子在晚年发表了一系列政治上的重要见解。

有一次，季康子向孔子请教为政之道，问孔子可否采用“杀”的方式和手段来对付“无道”之人及其恶行，以构建“有道”的生活秩序，孔子态度明确而坚定地回答他说：“你执政理民，为什么要用‘杀’的手段呢？只要你一心向善，老百姓也会跟着向善。像君子那样的好的领导，他的德行就像风一样，而一般老百姓就像草一样，风向哪边吹，草就会向哪边倒。”

孔子的意思是说：身居上位要职的执政当权者应为老百姓树立一种良好的道德榜样，统治者的所作所为会直接而强烈地影响到整个社会道德风尚的趋向。有德的统治者会引领老百姓向往和追求过一种以美好德行为基础的生活，而缺德的统治者则会败坏和动摇整个社会生活秩序的道德根基，正所谓“上梁不正下梁歪”。

因此，在孔子的“人道”信念中，政治处在人类生活的中心地位，正所谓“人道，政为大”。正因为如此，他才对统治者提出了一种严格的道德要求，希望统治者能够自觉地加强自身的道德修养，能够“为政以德”。

### 3. 修己以安人

在孔子看来，政治不过就是正己正人或修己治人的问题，一个统治者只有首先端正自身的言行，他才有资格去治理社会、端正他人的言行。所以，孔子晚年在回答鲁哀公和季康子“问政”的问题时，曾反复阐述自己对政治的这样一种理解，那就是：“政者，正也。”这可以说是孔子整个政治思考中最重要的一个核心理念。

孔子说：“统治者自身言行端正，即使不用强制命令，事情也能行得通；统治者自身言行都不端正，虽然三令五申，老百姓也不会听从。”

有一次，孔子对季康子是这样讲的：“政的意思就是端正。作为执政当权者，如果你能够率先垂范，首先端正自己的言行，那么谁还敢不端正呢？”

孔子对鲁哀公也曾经这样说过：“政的意思就是端正。如果君主能够端正自己，那么老百姓也就会服从你的统治。君主的所作所为，老百姓会跟从效法。”

孔子所谓“政者正也”的意思，换一种说法，其实也可以说就是修己以安人的问题。

有一次，当学生子路向孔子请教怎样做才算是君子的问题时，孔子是这样回答他的：“修养自己，保持内心的诚敬。”

子路听了后，又问道：“这样就够了吗？”

孔子回答说：“修养自己可以安抚他人。”

子路又接着问：“这样就够了吗？”

孔子回答说：“修养自己可以安抚老百姓。”

还有一次，孔子在和他的两位学生颜回和子路的谈话中，让他的这两位爱徒谈谈各自的愿望和志向，子路率先回答说：“我志愿把我的车马衣服和朋友们共同使用，用坏了也绝不感到遗憾而抱怨。”

颜回回答说：“我的志愿就是不夸耀自己的善行，不表白自己的功劳。”

接下来，子路又问孔子道：“我们也想听听老师您的志愿。”

于是，孔子说道：“我的志愿是，使老人生活得安逸，使朋友信任自己，使少年人怀念自己。”

从上面的两次孔子师徒间的对话，我们可以了解到孔子的政治信念和人生态度，那就是：孔子是一个志在成就自己的君子人格而修己以安人的思想家，对他来讲，修养自己是安抚他人乃至安抚百姓的前提条件。

而如何修养自己呢？综合孔子的相关言论和主张，可以说，在修己的问题上，孔子崇尚的是一种恭敬礼让的政治精神与人生态度，他主张士人君子应以礼节制、约束自己的行为，以恭敬礼让的态度来对待他人、对待其治理下的人民。所以，孔子教导他的学生颜回说：“非礼勿视，非礼勿听，非礼勿言，非礼勿动。”又对学者仲弓说：“平常出门应像去会见接待尊贵的宾客一样，役使百姓应像去承当主持盛大的祭典一样。”这是说，克制自己，使自己的一言一行都合乎礼的要求和规定，始终以一种谨慎恭敬的态度来待人接物，这才真正体现了一种仁人君子的行为方式与道德修养。

**4. “尊五美，屏四恶”**

如何做一个好的统治者，以及怎样才算是一个好的统治者，这可以说是孔子政治思考的重心。而孔子之所以兴办私学，终生孜孜不倦地从事“有教无类”、“因材施教”的教育事业，也正是为了要培养既有德又有才的君子式的政治人才，让有德行教养和实际才能的读书人进入到统治阶层中，以便改造统治阶层的成员构成，更好地来推行他的德教礼治的政治主张，实现他那重建“天下有道”的世界秩序的政治抱负和他那和平、富足、且富于道德文明教养而等级和谐的“有道之世”的社会理想。在这样的社会，做君主的应该像君主的样子，做臣下应该像臣下的样子，做父亲的应该像父亲的样子，做儿子的应该像儿子的样子，人们名分端正、安分守己、各尽其责，而且，人人都遵礼重义，孝亲敬长，好德向善。

那么，怎样才算是一个具有仁德的好的统治者呢？

孔子说：“领导和治理一个有着千乘兵车的大国，做事应该认真谨慎并信守承诺；应该节约财用，以爱人为念；应该爱惜民力，有节制地役使老百姓。”

“能恭敬处事，就不会遭人侮慢；能宽大待人，就会赢得大众的拥戴；能诚实守信，就会得到他人的信任；能做事勤敏，就会有成效功绩；能对人慈惠，就足以使人听从。凡是能够将恭敬、宽大、守信、勤敏和慈惠这五种德行贯彻到治理天下的事务中去的，那就是有仁德的统治者了。”

另外，孔子认为：善人治国理政持续一百年，才能够克服残暴、消除杀伐的人间乱象。

而君子从政治民，最重要的就是要“尊五美，屏四恶”，意即尊尚五种美德，屏除四种恶政。

具体怎样做，才叫做“尊五美，屏四恶”呢？那就是：

君子从政治民，要“惠而不费，劳而不怨，欲而不贪，泰而不骄，威而不猛”，这就是所谓的“五美”。

依据人民的利益需求而使人民得到相应的利益，既施惠于民而自己又无所耗费，这就叫做“惠而不费”。

根据具体情况在合适的时间来适当地选择安排人民去服务劳作，人民是不会抱怨的，这就叫做“劳而不怨”。

自己所欲求的是仁德，尽心尽力地践行，得到的也只是仁德，而别无其他贪求，这就叫做“欲而不贪”。

无论人数众寡，无论势力大小，自己都不敢怠慢，泰然处之而不骄纵，这就叫做“泰而不骄”。

衣冠端正整齐，庄重俨然，目不斜视，令人望之而生敬畏之心，这就叫做“威而不猛”。

反之，不先对人民施行教化，就采用杀戮的办法和手段对付人民，这就叫做“虐”；不事先告诫，而到时却忽然查验其成效功绩，这就叫做“暴”；下令时漫不经心，到后来却又突然限期完成，毫不通融，像是有意陷害人，这就叫做“贼”；同样是给予人财物，但在出手之际却又吝惜，露出一副小家子气，这就叫做“有司”。这就是所谓的“四恶”。

总而言之，在孔子看来，统治的关系不应是一种强制性服从的关系，而应是一种施以道德感化和礼乐教化的关系。道德、仁爱与礼义具有一种规范人心和转化世界的力量，它们可以引导人心向善、培养人的羞耻心和德性、将天下混乱而无道的现实世界转化为“有道之世”。

而要实施以礼治国、道德教化的政治目标，便需要那种克己修身、践行仁德、能够以身作则的好的统治者，因为这样的统治者在引领人民向善、提升人民的道德的教养和品格方面，能够发挥主导性的、决定性的影响和作用。

因此，孔子深切地希望善人为邦、君子从政，希望以仁爱的品德和礼让的精神化解、消除世间那些贪残好杀的统治者身上的暴戾之气；他反对急功近利的行为，以政治上的远见卓识，呼吁世间的统治者能够推行礼乐之治、道德教化，以便淳化人心，重建秩序，移风易俗，实现善治。

## 二、仁心与仁政

孟子

孟子生活在战国中期，当时社会历史的变革进程日益加深而趋于剧烈，整个天下的局势也更加动荡不安，各诸侯国之间以武力相互征伐，军事上的生存竞争环境日趋于恶劣和残酷化，政治上的现实生存状况也日趋于暴力和功利化，正如孟子所言："争地以战，杀人盈野；争城以战，杀人盈城。"这是孟子对他所生活其中的那个时代的悲惨状况的真实描写，也是他对那个时代嗜杀成性的统治者们发出的最强烈的抗议和控诉。

正是日益恶劣和残酷化的生存竞争环境和日益暴力和功利化的现实政治状况，激发了孟子同时代的思想家们和孟子本人对人性善恶问题的热烈探讨，激发了孟子对义利、王霸问题的痛切反思与深入辨析。孟子深入人的内在心性的本源，来寻求世间乱象的根源及其出路问题的解决方案。在孟子看来，每个人都生来就具有天赋的良心善性，这是一种容易放失或丧失掉的良心善性，需要人善加存养和扩充，而如果说人世间的乱象根源于人良心善性的丧失的话，那么反省、发现并重新寻回人的良心善性也就是整个世界的出路和希望所在。对孟子来讲，这一点在政治上尤其重要。他认为，只要统治者能够将自己的良心善性存养扩充而实行仁政王道，便可以化解和走出战国之世的整个时代性的生存困境。

**1. 人性本善**

人性究竟是善良的还是邪恶的，美好的还是卑劣的，对这个问题的思考和回答，早在两千多年前的中国先秦时期就已经引起了思想家们深切而广泛的关注，而且到孟子生活的战国时代，思想家们众说纷纭，有多达十几种的各种人性观点被提出和讨论，而孟子对人性的看法就是人性本善。

孟子故居（位于今山东省邹城市）

孟子究竟是如何揭示人性奥秘的呢？

面对着众多的人性观点，特别是告子的“性无善无不善”说，孟子与之展开了激烈的论辩。

有一次，告子对孟子说：“人性就好比是湍急的流水，从东边决开一个缺口它就向东边流，从西边决开一个缺口它就向西边流。人性是不分善不善，或者说人是没有善不善的定性，就如同水没有向东流或向西流的定向一样。”

而孟子则回答说:“水诚然没有向东流或向西流的定向，难道也没有向上流或向下流的定向吗？人性的善良，就好像水总是向下流一样。人没有不向善的，水没有不向下流的。当然，拍打水使它跳起来，可以高过额角；汲取水使它倒流，可以引上高山。这难道是水的本性吗？是形势使它如此的。人之可以使他做坏事，本性的改变也正像这样。”

告子无言以对。

告子本来是想用一个比喻（以水喻性）来向孟子阐述他的人性观点，而孟子恰恰是最擅长使用譬喻的手法来表达和阐明自己观点的，所以他就顺势借水为喻而提出了自己“人无有不善”的人性观点。也就是说，在孟子看来，人性本来只是善的，只要顺性而为，则人没有不善的，而人的不善并非出于人性本身，只不过是人们逆性（迷失了本性）而为的结果，或者是由于人受到外界事物或人为之势的不良影响以至陷溺丧失了自己本然的人心善性的结果造成的。

**2. 人贵有“心”**

既然从人的本性或天生的资质上来讲人是“无有不善”的，那么，当孟子这样说的时候，他究竟是怎么想的呢？

我们认为，孟子对人性问题的思考有一个基本的出发点，就是我们应认真反思一下，我们的个体生命的价值和人生的意义究竟何在？或者说，对于我们每个人或每一个个体生命来讲，什么才是真正可贵的东西？

孟子说："希望和渴求尊贵，这是人们共同的心理。但是，每个人自己都有可尊贵的东西，只是由于人们不去反思和体认而常常意识不到而已。别人所给与的尊贵，不是真正值得尊贵的。"

孟子的意思是说，人们整天忙于请托人情、寻找升迁的机会以便提高自己的身份地位，但是，那些达官贵人们既可以抬举你、让你的身份地位变得尊贵，也可以糟践你、让你的身份地位变得低贱。而其实，我们每个人的身上或内心里都有自己最可尊贵和值得珍视的东西，人们又何必苦苦向外寻觅呢！

对我们每个人来讲，那生命中真正可贵的东西究竟是什么呢？

那就是一个人的天赋的道德之心、善良之心。

在孟子看来，有人把道义看得比个体的生命还重要，所以患难有所不避，甚至会"舍生取义"；有的人把尊严看得比死亡还重要，所以宁愿饥饿而死，也不食嗟来之食。从中呈现出来的便是一个人的道德之心和羞耻之心。这种"心"，不仅仅是贤人才有，每个人都有，所谓"人皆有之"，所不同的是贤人能够一直保持住它罢了，而一般人则常常把它丢弃和放失掉。

孟子认为，人的整个生命事实上可以分为两种，一种是自然生命，一种是道德生命。自然生命固然重要，没有了它，我们也就不会活在这个世界上，但是，仅仅有了它还不够，人活着不能仅仅为活着而活着，应该活得有价值和意义，那么，这就需要成就一个人的道德生命。有时，在冲突的情况下，为了维护和捍卫人的道德生命与尊严，甚至需要一个人牺牲掉自己的自然生命。

换一种说法，也可以这样讲，人的整个身体也可以分为两部分，一是小体（或贱体），二是大体（或贵体），小体是指人的耳目感官，大体便是指人的心。一个人只是满足甚至放纵人的耳目感官欲望，便是小人；反之，一个人努力于存养、爱护、扩充和实现人的心灵需要，就能成为大人或君子。所以，有一次，当公都子问孟子："同样是人，为什么有的人是大人，有的人是小人呢？"孟子就是这样回答的："求满足身体重要器官（心之大体）的需要的是大人，求满足次要器官（耳目感官之小体）的欲望的是小人。"

孟子不仅将人的身体区分为大体和小体两部分，而且，他认为作为小体的耳目器官是不会思考的，所以易于受到外物的诱引和蒙蔽，而作为大体的心的器官的重要职能就是"思"（思考或反思），而且，只要思考，一个人就能发现和体悟到自己的、也是人人都具有的那种天生禀赋的或本来固有的良心善性，也只有人的良心善性才是人身上真正最可贵的东西！

总之，为什么说人的本性是善良的呢？孟子告诉我们，那是因为人天生就有一颗会思考的道德之心，正是从天赋的本心中可以开出美好而善良的人性花朵，甚至可以通过不断地扩充而呈现出一种充实、美大而富有光辉的神性。

因此，可以说，孟子正是通过人心来指点我们人性的善良的。而具体来说，人之有“心”又可分为四种，它们分别是“恻隐之心”“羞恶之心”“辞让之心”和“是非之心”。

“恻隐之心”，又叫“不忍人之心”，是一种对别人不幸的同情心或不忍伤害他人的心，这种“心”就是“仁”的端绪或根芽。

“羞恶之心”，是一种既对自己的不善感到羞耻而又对他人的不善感到憎恶的心，这种“心”就是“义”的端绪或根芽。

“辞让之心”，又叫“恭敬之心”，是一种谦恭、推让、尊敬他人的心，这种“心”就是“礼”的端绪或根芽。

“是非之心”，是一种知其为善而以为是、知其为恶而以为非的心，这种“心”就是“智”的端绪或根芽。

概括来讲，这就是孟子所谓的“四心”和“四端”。四心四端是人天生都具有的，所以孟子说：“人天生具有这四端，就好比人天生就有手足四肢一样。具有这四端却说自己没能力做到的人，这样的人就是自暴自弃的人；说他的君主没能力做到的人，这样的人便是暴弃自己君主的人。”

孟子还曾经举例说明道：“譬如，现在有人突然地看到一个小孩子马上就要跌落到水井里去了，任何人都会油然而生一种怵惕恻隐、惊骇同情之心，会不自觉地赶快伸手去抓住这个小孩，不让他掉到井里去。这种救小孩的举动，既不是为了想要和小孩的父母（或许很富有或很有权势）攀结交情，也不是为了想要在乡党朋友中间博取好的名声，更不是因为厌恶听到小孩掉到井里去而发出的痛哭惨叫的声音。”这说明“不忍人之心”乃是人的一种天性或本性的自然流露。



**3. 心性的存养**

既然人的良心善性是天生的，是人人皆生来就固有的，那么，为什么又会有凶残、邪恶、暴虐和伤害的现象时时发生呢？

在孟子看来，人虽然天生就有一颗道德的良心、一种向善的本性，也就是说人天生就应该是大人和君子，而不应是小人。然而，所谓的“应该”其实也只是一种可能，因此，这只是问题的一个方面。问题还有另外一个方面，那就是：人的天生的良心和善性其实又是非常“脆弱”和“易失”的。要想使人的良心善性真正实现出来，从一种可能性变为一种现实性，又需要人必须付出不懈的努力，持之以恒地做存心养性的工夫。

具体来说，孟子认为，主要有以下几个方面的原因会导致或造成人的良心善性的丧失：

第一，由于“弗思”，人的良心善性会丢失或失落；

第二，由于受到外在物欲的诱引或蒙蔽，人的良心善性也会放失或迷失掉；

第三，由于外在不良的生存环境和思想影响，人们陷溺其中而不能自拔或者是受到过度的损伤或戕害，人的良心善性同样会隐而不彰或完全被扼杀。

相应地，孟子提出了以下几种存养和挽救人的良心善性的应对之方：

第一，应充分发挥人心的“思”的功能。只要一个人能够时时反省和追求，就能够求得到和保存住自己的良心善性。

第二，应善于养护自己的身体。而养身有方者，一定要正确处理好大体和小体的关系。正确的养身方法和原则就是“无以小害大，无以贱害贵”，意即不要让小体妨害大体，不要让贱体妨害贵体。另外，孟子还提出了一个重要原则和方法，就是“养心莫善于寡欲”，意即保养心性的最好方法就是减少物质欲望。

第三，应注意构建和维护一种有利于人的良心善性的保存、养护乃至能够不断扩充的良好的外在生存环境和条件。在孟子看来，人的良心善性就像是一颗颗的谷种，只有在适宜的阳光、水分和土壤的条件下善加养护，它们才能生长、发育乃至于最终成熟。人的良心善性也同样需要在适宜的外在生存环境和条件下顺其自然天性地善加保存、养护和扩充，它才能真实地存在于自己的身上，它才能充实而美大并能够发出照耀和温暖他人的人性光辉。

反之，拔苗助长式地多事，或者是一曝十寒式的戕害，即使是天下最易于生长的植物，也是无法成活和生长的，人的良心善性的存养也是一样。

总而言之，人的良心善性既是天生的，又是易失的；既是可欲的，又是脆弱的。人们需要做存养扩充的工夫，才能保有它，并使之呈现出来，乃至发出光彩。

然而，有时我们的一个手指头因为残疾（如弯曲伸不直）不如别人，我们会感到羞耻厌恶；但我们的心性（缺少良心善性）不如别人，我们反而不会感到羞耻厌恶；有时我们丢失了一只鸡一条狗，我们知道去寻找；但我们的良心丧失了，反而不知道去寻找回来。

所以，孟子说：这就叫做不懂得事情的轻重缓急，这也是人类最大的悲哀！而所谓的“学问之道”，其实讲起来也并不是别的什么，就是要“求其放心而已矣”——把放失（丧失、迷失）掉的良心寻找回来罢了！

**4. 以仁心行仁政**

孟子认为，人人皆具良心善性，包括君主在内，任何人都不例外。凡是自外于此者，都是自暴自弃之人。

孟子说：“人皆有不忍人之心。”不忍人之心，就是恻隐之心，就是不忍伤害别人或同情别人不幸的心，也就是人的良心或仁心。

在孟子看来，正是这点良心或仁心构成了人与非人的分界线；也正是这点良心或仁心构成了仁政王道的活水源头或根基。反过来说，在政治上实行王道仁政也正是扩充和实现人的这点良心善性的既自然而又必然的逻辑结果。所以，孟子说："每个人都有不忍人之心，而过去的古圣先王们存养、扩充自己的不忍人之心，这便有了不忍人之政。若能以不忍人之心来推行不忍人之政的话，那么治理整个天下也就像运之掌上一样容易了。"而所谓的"不忍人之政"，就是"仁政"。

那么，究竟什么是仁政？又如何来实行仁政呢？

让我们先讲一个故事，再来回答上面的问题。

有一次，雄心勃勃的齐宣王想请孟子给他讲讲春秋时期齐桓公和晋文公称霸的事，孟子不愿意谈，而是和齐宣王谈起了怎样称王天下和实行仁政的问题。

孟子说："能够一心一意地让人民过上安定的生活，就可以称王天下，而且没有什么能够阻挡得住的。"

齐宣王问道："像我这样的君主，也能够做到吗？"

孟子说："当然可以啦。"

齐宣王接着问："您怎么知道我也可以呢？"

孟子告诉他说："我是从这件事上知道您也可以的。据有人说：有一天，大王正坐在大殿之上，有人牵着牛从殿下走过，大王看见了，便问道：'牵着牛到哪里去？'那人答道：'新铸好了一口大钟，要用这头牛去祭钟。’大王便说：‘放了它吧！看它吓得哆哆嗦嗦，怪可怜的样子，我实在不忍心让这无罪的牛被宰杀掉呀！’那人便道：‘若把牛放了，那还祭不祭大钟呢？您是要废除祭钟的仪式吗？’大王说：‘怎么可以废除祭钟的仪式呢？就用一只羊来代替它祭钟吧！’不知道果真有这样一回事吗？”

宣王回答说：“是的，有这回事。”

于是，孟子就说：“那好，大王凭着这不忍之心就可以称王天下了。虽然老百姓可能会误会你，说大王用一只小的羊代替一头大的牛只是出于吝啬，但我知道大王不是因为吝惜钱财才用羊代替牛的，而是出于不忍之心。这不忍之心也就是你的仁心。有了这种仁心，就可以实行仁政，用王道来称王天下了。”

宣王听孟子这么一说，感到很高兴，就说：“先生真是揣摩透了我的心意呀！但是，有了这种仁心，为什么就能实行仁政、称王天下了呢？”

为了打消宣王的疑虑，孟子问道：“假如有人说，他的力量大得能举起三千斤重的东西，却举不起一根羽毛；他的视力好得足以洞察秋毫，看得见秋天鸟尾巴上的细毛，却看不见就摆在眼前的一整车的柴火。大王相信这样的话吗？”

宣王回答说：“不相信。”

孟子便接着向宣王阐述个中的道理，说：“现在大王的仁心本来是可以恩及于禽兽的，然而它的功效却连百姓都没有享受到。这是为什么呢？就拿上面的例子来讲吧，说自己举不起一根羽毛，那是因为不愿意用力气举；说自己看不见一整车柴火，那是因为不愿意用眼睛看。同样的道理，老百姓至今不能过上安定的生活，那是因为大王不愿意用仁心施恩于百姓。这样说来，大王之所以不去施仁心、行仁政乃至以仁德统一并称王于天下，那是因为'不为'（不愿意去做）的缘故，而不是'不能'（没能力去做）的问题。"

宣王问："'不为'和'不能'有什么区别呢？"

孟子答道："把泰山夹在胳臂底下去跨越北海，告诉别人说：'这个我不能（做不到）。'这是真的'不能'。为年长者去折断一根树枝，告诉别人说：'这个我不能。'这是'不为'（不愿意去做），而不是'不能'。大王虽有仁心，却不去实行仁政王道，不是属于'挟泰山以超北海之类'的'不能'，而是属于'折枝之类'的'不为'呀！"

上面的故事讲了一个什么道理呢？那就是：每个人都有不忍之心，这种不忍之心也许就会在不经意间呈现于日常生活的某一时刻，问题的关键就在于你愿不愿意将这种或许是偶然发现的、但绝对是天生就具有的不忍之心扩充、推广开来了。诸侯国君们只要愿意，就能将自己的不忍之心扩充、推及于百姓，实行仁政，乃至倚靠仁德的感召力来统一天下，从而使百姓过上安定、富裕并富有教养的生活。而之所以仁政得不到落实，王道得不到贯彻，那不是"不能"的问题，而是"不为"的缘故。

既然如此，那么，怎么样具体来将仁心扩充、推及于百姓而实行仁政王道呢？

所以，接下来，孟子向齐宣王具体阐述了扩充和推及仁心的一般原则和方法问题，以及实施仁政的具体措施和办法。

扩充和推及仁心的一般方法就是“推恩”，孟子说：“将对自己父母长辈的尊敬之心推广而能尊敬他人的父母长辈，将对自己儿女晚辈的慈爱之心推广而能慈爱他人的儿女晚辈，如果一切政治活动和措施都按照这样的一般原则和方法去做的话，那么，平治天下也就像运之掌上那么容易了。”

将自己不愿伤害他人他物的不忍之心或同情他人不幸的恻隐之心扩充与推广以仁民爱物，或者是将自己爱父母、爱子女的仁爱之心扩充与推广而施与他人的父母子女，这就是所谓的“举斯心加诸彼”的推己及人或推己及物的方法，或者是“善推其所为”的“推恩”的方法。孟子认为，运用这样的方法，便足可以安定天下，否则的话，甚至连自己的妻子都保不住。

而就“仁政”的具体措施和办法来讲，孟子曾分别对滕文公、梁惠王和齐宣王等各国君主作过反复陈述，综合孟子的意思，大体包括如下一些基本内容：

第一，实行仁政的基本点，就是要制民恒产以保障人民的基本物质生活需要。

这是孟子反复强调的一点，因为在他看来，只有在拥有了一定的产业收入，在物质生活需要方面有了基本的保障之后，人民才会具有一定的是非观念，遵守一定的行为规范，维持一定的道德水准。否则的话，老百姓就有可能什么事情都做得出来，甚至会胡作非为，违法乱纪。而等到人们犯了罪，再用刑罚惩处老百姓，这就叫做设置法网来陷害百姓，一个富有仁爱之心的统治者是不会这样做的。

那么，怎么办呢？那就应制民之产，即应该制定一个标准，让人民拥有一些赖以生存的固定产业。具体讲，就是：让每家拥有五亩大的宅基地，然后再分给各家一百亩的耕地。天道酬勤，只要人们在自家宅院的四周种植桑树，养蚕缫丝，那么五十岁以上的人就可以穿上丝帛做的衣服了；同时，再饲养一些鸡狗猪之类的家禽家畜，那么七十岁以上的人就可以吃上肉了。另外再依照农时勤快地耕种那一百亩的田地，只要生产不受到妨碍，那么八口之家的温饱问题也就有了保障，不会再遭受饥荒的威胁了。

因此，孟子强调，仁人在位或者是贤明的君主一定要制民之产，以便保障人们上足以赡养父母，下足以抚养妻儿；在好的年成，可以丰衣足食；遇到坏的年成，也不至于被饿死。

第二，孟子所谓的仁政，还包括这样几个方面的具体内容和措施，即统治者应轻徭薄赋，“取于民有制”，即按规定、有节制地征收赋税，而征发徭役也应以“不违农时”为原则；对于工商业活动，应采取保护的措施；还应减省刑罚，惩处罪犯应该限于犯者本人，而不应搞株连的办法，以至牵连着使犯人的妻子儿女也受到惩罚；还有就是，实行仁政必须先从救济鳏、寡、孤、独等这些属于弱势群体的社会成员做起。

第三，实行仁政，还应在制民恒产和人民的物质生活有了基本保障之后，对人民进行人伦道德的教育。

孟子的仁政主张，一方面格外地强调和重视“养民”的问题，甚至也可以说“养民”的问题正是孟子整个仁政思想最核心的基本点，即制民恒产以保障人民基本的物质生活需要，要让人民能够过上一种不饥不寒、养生送死都无缺憾的生活。而另一方面，在“养民”的基础上还应进行“教民”，当然，孟子强调“教民”的工作必须在“养民”的问题解决之后，即只有在人民的生活有了保障之后才能对人民施行礼义、道德方面的教化，否则的话，所拥有的产业如果不能够或不足以保障人们赡养父母和抚养妻儿，乃至于人们在好年成都生活得艰难困苦，在坏年成更是只有死路一条的话，那么，人们竭尽全力活命都顾不上，哪里还有什么闲工夫学习礼义、讲求道德呢？不过，孟子认为，“教民”的问题也是非常重要的，因为在他看来，如果只是吃得饱、穿得暖、住得也安逸，却缺乏道德礼义方面的教养的话，那么人和禽兽就没有什么区别。因此，实行仁政还需要在养民的基础上对人民进行人伦道德的教育，提升国民的道德品格和文明教养，使人们懂得“父子有亲，君臣有义，夫妇有别，长幼有序，朋友有信”的道理。

由上可见，自孔子开始所大力倡导的儒家式的“仁爱”，并不仅仅是一种价值观念，而在孟子那里，它还具有一种重要的制民之产和养教为本的制度上的“仁政”含义，换言之，统治者的仁爱恻隐之心必须也唯有落实在仁政上才具有实质性的意义。反过来说，作为仁政的内在心性根源，“仁爱”亦可以说体现了儒家仁政制度的第一美德。

虽然在一个追逐功利、崇尚武力、讲求霸道的世俗化的时代环境里，孟子的上述仁政主张显然有些过于理想而不合时宜，过于迂阔而不切实用，但是，没有人愿意生活在暴君虐政的统治之下，所以，正像有的学者所评价的那样，孟子的仁政主张无疑具有一种针对暴君虐政而发出的“永久抗议”的思想上和政治上的重要意义。

## 三、君道与礼治

荀子

荀子生活在战国晚期，他所处的历史生活环境与孟子大体相当，所不同的主要是战国七雄之间势力强弱的变化。孟子生当齐国势力鼎盛之时，而荀子之时，齐国的势力由盛转衰，而秦国的势力日趋强盛，吞并、统一六国之势日益迫近。荀子早年即游学于齐国的稷下学宫，曾经“三为祭酒”，并一度“最为老师”，成为稷下学宫中学术思想最为宏富的思想家和教育家，亦是战国之世与孟子齐名的一代儒学宗师。

和孟子一样，荀子也致力于捍卫孔子之道，并在阐发和弘扬孔子儒家的思想学说方面作出了自己卓越而独特的贡献。孔子的政治思考包含着两个基本的维度，一是贵仁爱而关切、重视民生，二是重礼治以恢复、重建秩序，如果说孟子主要是致力于发挥孔子的仁爱思想，重在以仁政解决民生保障的问题的话，那么，荀子则主要是致力于发挥孔子的礼治思想，重在以礼治解决重建秩序的问题。正因为如此，荀子开辟了另外一种有别于孟子的有关人性、君道与为政治民的更加现实主义的政治思维理路。当然，在基本的思想取向方面，他们之间具有着基本的一致性，只是荀子的思想中吸纳了诸子各家的更多的思想成分与资源，而显得较为庞杂一些，尤其是荀子将儒家的礼与法家的法融贯会通于一体，体现了儒法合流的重要思想走向。

### 1. 人类的尊贵

先秦诸子的一个最为重要的思想贡献就是，他们把人放在整个自然或宇宙当中来加以思考和定位，从而推进和深化了人类的自我认识与自我理解，其中发展出了两种最具代表性的人类观。

一种是以道家的庄子（名周）为代表。他认为，在自然大道的变化过程中产生出的天地万物之中，人类不过是其中的一种生物而已，在整个自然宇宙中，人之为人犹如沧海之一粟，是非常渺小和卑微的。然而，庄子的真正意思并不是要鄙视和蔑弃人类自身，而是希望人类能够大其心量，能够平等地看待自身和天地万物，能够逍遥自在地诗意地栖居在天地之间，而不要僭妄地以为自己就是整个宇宙的中心和主宰，自以为是天地万物的主人，比其他任何的生物都更为高贵。

另一种则正是以儒家的荀子为代表，在他看来，人类是天地万物中最为灵秀、最富有德性和智慧的动物，所以是“最为天下贵”的，或者说是天下最为尊贵的。具体来说，在荀子看来，我们可以将自然万物按照由低到高的顺序划分为不同的类别和层级，首先，是水火之类的物体，它们只是一种由气构成的物体，而不具有生命；其次，是草木之类的植物，它们虽然有生命，却没有感知或知觉；再次，是禽兽之类的动物，它们虽然有知觉，却没有“义”；最后，就是人类，人不仅含有“血气”，有生命，而且是“有血气之属”中最有知（智慧）的，而最为重要的一点就是，人还是有“义”的。正因为这最后一点，荀子认为人才是“最为天下贵”的。就这样，荀子把人类在整个自然万物中的地位格外醒目地凸显了出来。另外，如《孝经》所谓“天地之性（生）人为贵”，《礼记·礼运》篇所谓“人者，天地之心也”等，也都是明确强调人在自然万物之中的尊贵性及其灵秀特异之处。

荀子所谓的“义”，其实质就是指人类的群体生活应遵循的一些基本的伦理规范或德性要求，即孟子所谓的“父子有亲，君臣有义，夫妇有别，长幼有序，朋友有信”之类，而《礼记·礼运》篇更明确将“父慈、子孝、兄良、弟弟、夫义、妇听、长惠、幼顺、君仁、臣忠”这十个方面的人伦道德规范称之为“人义”。

而荀子认为，人之有“义”，不仅使人在自然万物中成为“最为天下贵”的生物，而且也正是人类不同于其他物类如禽兽的根本特性所在，是人之所以为人的本质属性。所以，荀子说，禽兽虽然有父子，却没有“父子之亲”，虽然有牝牡，却没有“男女之别”；反之，人之所以为人，并不在于人是一种两足直立而身上无毛的动物，而在于人是有“辨”的，所谓“辨”也就是“分”和“别”的意思，而“辨”“分”或“别”的具体内容就是“义”，就是“父子之亲”“男女之别”，就是君臣、父子、夫妇、长幼之间不同的人伦角色及相应的伦理道德规范的差别。而这样一些人伦义理的道德规范外在形式化为具体的行为规范和制度规定，就是所谓的“礼”。另外，“礼”还涉及人们等级性的身份地位之间尊卑贵贱的分别，乃至士农工商之间职业分工的不同规定等。“礼”与“义”密不可分，所以荀子常常将它们连接合并为一个词汇而加以使用，即所谓的“礼义”，它们共同规定着人之所以为人的本质特征，如《礼记·

冠义》篇所谓“凡人之所以为人者，礼义也”，荀子亦说，所谓的“礼义”，也就是人之为人的“人道”。

在荀子看来，既然有“辨”有“分”，有“礼”有“义”，乃是人之所以为人的本质属性所在，那么，“礼义之分”即礼义规范下的“分”也就构成了人类群体生活赖以维系与延续的根本条件。换言之，正是“礼义之分”维持着人类正常的合乎“人道”的群体生活，离开了“礼义之分”，人类的群体生活便无法维持甚至将不复存在。而“能群”，即能够结成一定的群体或过一种有组织的群体性的生活，又正是人区别于动物的根本特征所在。所以，荀子说，我们人类虽然在力量方面不如牛的力气大，在奔走方面不如马跑的速度快，而牛马之所以能够被我们人类驯服和驱使为用，正是因为人“能群”而牛马“不能群”的缘故。荀子所谓的“群”，不是自然成群的“群”，而是相当于我们今天所说的“社会性”和“组织性”。

综上，荀子是从对人类在天地万物或自然宇宙中的“最为天下贵”的地位的思考，来审视人类独有的本质特性的，尽管限于当时的认识水平和儒家的思想偏向，他对人与其他物类之间层级性差别的看法，特别是他那以人为贵而贱视动物的看法，不见得能为现代人所认可和接受，但他的思考最终落实在人类生活的群体性特征之上，希望以“礼义之分”来化解和消除人类之间的纷争，建构人类群体生活的和谐秩序，荀子的这一看法和见解在道理上还是相当深刻的。

**2. 性伪的分别**

如果说礼义和礼义之分对于维系人类群体生活的秩序并增进其福祉有益的话，那么，它们对于人类来讲也就是可欲的，或者说是善的。按照孟子的理解，这种可欲的善对人类来讲绝不是一种外在强加的东西，而就根源于人类内在的心性之中。具体讲，人类的一切美德善行如仁、义、礼、智等都根源于人类天赋的良心善性，因此，孟子“道性善”而主张人类天生的本性就是善良的，而且将自己在政治上提出的仁政主张完全建立在这样一种对人性的独到思考的理论基础之上。

然而，荀子虽然像孟子一样肯定仁、义、礼、智等是人类应遵循的美德善行，而且从礼义的角度凸显出人类在自然万物中的尊贵地位，但是，他对人类自然生就的本性的思考却恰恰与孟子相反，并在先天的自然本性和后天的修德积善的人为努力与人文成就（伪）之间作了明确的区分。

在荀子看来，人在自然界中虽然处于“最为天下贵”的最高地位，但人仍然属于自然的一部分，人的天性或自然生就的本性就体现了这一点，或者说，人的本性也就是指的人的自然性，它是一种天然生就的东西，是人与生俱来的一种本来的、原始的和朴素的东西，它是人维持自我的自然生命存在的一种自然的需求和本能，它不是人后天学习获得的东西，它是不可改变的。它的外在的表现形式便是情和欲，正所谓“性者，天之就也；情者，性之质也；欲者，情之应也”，而“性之好、恶、喜、怒、哀、乐谓之情”。

饥而欲食，寒而欲暖，劳而欲息，好利而恶害，好荣而恶辱，这些都是每个人生来就具有的本性本能，它们是一种“无待而然”的自然生就的东西。无论你是君子，还是小人，也不论你是大禹式的圣王，还是夏桀式的暴君，人在本性上都是一样和相同的，每个人都生来就具有好利之性、疾恶之情、耳目之欲。

正是在对人的天生的本性的看法上，荀子和孟子之间发生了根本的分歧。仁、义、礼、智等美德善行体现了人之所以为人而区别于动物的本质属性，在这一点上，他们在认识上并无实质性的差异。然而，体现人的本质属性的这些美德善行究竟是如何产生的？它们根源于哪里？它们与人的本性究竟是一种什么样的关系？对这些问题的回答，荀子和孟子正好是截然相反的。

孟子认为，人的本质属性与人的本性是一致的，因为体现人的本质属性的美德善行就根源于人的天生的良心善性之中，人需要做的最重要的事情就是如何保有、存养和扩充人生来固有的良心善性。而荀子则质疑道：既然人的本性生来就是善的，那么，人们为何还需要学习和教育呢？任何后天人为的努力岂不成了多余的？因此，在荀子看来，人的所谓的“本性”肯定是别有所指，人生来就具有的自然的本能、欲求和好恶之情，事实上才是人的本性，而由于这种自然生就的本能本性具有强烈的排他性，所以它们是人世间各种纷争、悖乱和丑恶现象的根源，而不是像孟子所认为的那样，仅仅是由于人们丧失掉其良心善性所造成的。

依荀子之见，自然生就的东西，并不就是自然合理的东西，如果人们一味地顺从自己的欲望，放纵自己的本性，那么，他就注定会走向恶，所以，从本性上来讲，“人之生固小人”。因此，人的所谓“本性”，与人通过后天积善修德的努力所成就的礼义化或伦理化的本质属性完全是两回事。而既然如此，人又怎么能够向善而成就自己的“人之所以为人”的本质属性呢？荀子说：人生来就具有的本性，虽然是我们人“所不能为”的，是不能改变和根除掉的，但是，它却是可以矫治、修正和转化的；美德善行的实践、积累与修为，虽然不是我们人的本性中所固有的东西，然而，它却是“可为”的，是我们人通过后天的努力而可以成就的。这就是所谓的性伪之分，人的本性是天生的，是恶的，而体现人的本质属性的善是人后天的努力与修为所能成就的，它就是所谓的“伪”。

当然，人之所以能够成就“伪”，能够实现自己的善的伦理道德的本质属性，关键还在于人天生就有一颗具有思虑、认知和抉择功能的心。在荀子看来，除了天生的本性之外，人还禀赋着一种天生的“材性知能”，具有一种天生的认识、辨别外在事物的能力。不过，这还不足以使人向善修德，因为从人的天生的“材性知能”中发展出的可能只是一种感觉器官的感性认识能力，如“目辨白黑美恶，耳辨声音清浊，口辨酸咸甘苦，鼻辨芬芳腥臊，骨体肤理辨寒暑疾养”等之类，因此，更为重要的是，人之有“心”而可以进行是非善恶的判断与抉择，这才真正决定了人具有一种能够认知“父子之义”“君臣之正”之类的人伦事理，能够认知并践行“仁义法正”或礼义之道而向善的资质和能力。

可以说，人之有“心”，才真正决定了人之能够成为自己形体和情欲的主人，乃至人的喜、怒、哀、乐、爱、恶、欲等情感和欲求的表达才会因“心”而异而被引向正确的方向。因此，荀子才将人之“心”称之为“形之君也，而神明之主也”。可见，与孟子的道德的善良之“心”不同，荀子所谓的“心”乃是认知的神明之“心”。不过，荀子认为，正因为人天生具有这样一种“心”，才能够具有道德理性的认识能力和积德行善的实践能力。然而，天生具有这样一种理性认识和向善的资质和能力本身，又并不等于说“善”本身就是先天内在于人心性中的一种东西，“善”仍然是人通过后天人为的努力所成就的东西，所以荀子称之为“伪”。

以上便是荀子对于人的自然本性与由“伪”而成就的“善”以及“心”的功能和作用所持的一些基本的看法，他的礼治主义的政治主张正是在这些基本看法的基础之上提出来的。

### 3. 礼义的起源与功能

正因为有“性”与“伪”的分别，所以也才有将两者合而治之的必要。没有“性”，“伪”也就没有了施加于其上而矫治的对象；没有“伪”，“性”是不能自我完善或自我修饰而成就美德的。反之，有了“性”，“伪”的兴起也才有了必要；有了“伪”，“性”的矫治和转化也才有了可能。二者是相须而备、相资为用的。

所谓的性伪之分，其实质也就是善恶之分。恶出于性，善出于伪；人自然生就的本性，既是不可学，也是不能改变的，而伪却是人通过学习和努力修为而能够成就的善。在荀子看来，人之所以欲为善，正因为人的本性是恶的。而一般人们所谓的“善”，无非就是“正理平治”，而所谓的“恶”，无非就是“偏险悖乱”。

那么，如何才能求得公平正义的善治，而防止和消除偏险悖乱之恶行的发生呢？也就是说，如何才能矫治、节制和转化人性之恶，而使人修德向善呢？

荀子认为，可以通过这样几种基本的途径来矫正和转化人性以实现善治的目的：

第一，是“师法之化”，即通过老师的教育，通过学习，来转化人的本性；人的本性中本来没有“礼义”，通过尽力地学习以寻求，便能够拥有“礼义”；人的本性本来不知道“礼义”，通过用心思虑以寻求，便能够知道“礼义”。荀子之所以写《劝学》之篇而不遗余力地劝人向学，其根本用意即在于希望人们能够通过受教育或通过积力求学、践礼习义，转化自己的本性，脱离禽兽之域而入于人类之界。

第二，是“注错习俗”，即通过外在环境和习俗的长期的熏陶与影响，使人养成某种惯常性的积习，养成某种特定的行为模式或生活方式，也就是我们所谓的文化习性，这种文化习性虽然不是出于人类的天性，但却是可以通过“注错习俗”的方式来养成或加以改变的。比如，吴、越、夷、貉之人的子孙后裔，刚生下来呀呀学语时发出的声音是一样的，而等到长大成人之后，他们的生活习俗却是迥然相异的，这是教育造成的结果；一个人长期居住和生活在楚国，就会谙习楚俗而成为楚人；一个人长期居住和生活在越国，就会谙习越俗而成为越人；一个人长期居住和生活在华夏中国，就会谙习华夏中国之俗而成为华夏中国之人。这不是出于人的天性，而是由积习造成的结果。当然，荀子所希望和追求的乃是以华夏中国之礼义政教来统一异俗异教和平治整个天下。

无论是“师法之化”，还是“注错习俗”，都应遵循华夏中国的礼义政教，而华夏中国的礼义政教又何由兴起创制的呢？这就是荀子所最终强调的，最重要也是最为根本的一点，即第三，由圣人起伪以化性。

从历史的角度来讲，华夏中国的礼义政教无疑都兴起或根源于古圣先王的时代。正是为了矫治和转化人的自然本性，通过积善修德或“积思虑，习伪故”而成为圣人的古圣先王们才创制兴起了“礼义法度”，因此，能够变化人的性情、节制人的欲望的“礼义法度”，乃是“生于圣人之伪”，而不是“生于人之性”，不是人的本性天生固有的。所谓的圣人起伪以化性，意思就是，历史上的圣人或先王兴起创制了“礼义法度”，是用来矫治和转化人的自然本性的。

如果转换一下观察问题的视角的话，那么，圣人起伪以化性的历史命题及其意旨也可以从功能的角度去看，也就是说，从功能上来讲，“生于圣人之伪”的“礼义法度”，并非是由圣人凭空造作的，而是起源于对人性的矫治和转化，起源于对人的情欲的规范和节制。

所以，荀子又说：礼起源于什么地方，或因何而兴起的呢？其起因就在于，人生来就有欲望，有欲望就会求其满足。如果每个人都追求自己欲望的满足，而没有一定的“度量分界”的话，那么，人与人之间便不可避免地会发生争斗，争斗就会导致社会秩序的混乱，乃至整个社会会因混乱而陷于穷困。古圣先王厌恶这种混乱，“故制礼义以分之”，即制定礼义来为人们欲望的满足划分、确立一定的合理而正当的“度量分界”。

可见，荀子并不像孔子那样，只是从历史的角度来考察夏、商、周三代之礼的损益沿革，并强调和推崇周代礼文的灿烂完备性。他不仅对圣人“生礼义而起法度”的历史贡献给予最充分地肯定，而且他的思考更深入到圣人制作礼义法度的背后，去探讨礼义法度的功能问题。

综合荀子的相关论述，概括来讲，礼义的功能主要体现在以下几个方面：

一是，礼义可以用来修身。

人类的生命形态是由形体、血气、志意和知虑等各种因素共同构造而成的，人的血气、志意和知虑的运行和使用，如果依礼而行，就会调治畅达，否则就会悖乱弛慢；人在日常生活中的饮食、衣服、居处和动静，如果依礼而行，就会和适而有节制，否则就会陷溺而生出疾患；人的容貌、态度、进退和趋行，如果依礼而行，就会高雅而不俗，否则就会倨傲、鄙陋、庸俗而粗野。所以，荀子说："礼者，所以正身也。"以礼正身，就是要用礼义来克制、端正自己的言行以及用心思理智来控制自己的性情欲望。

二是，礼义可以使人们的物质欲求得到适当而合理的满足。

礼义的一个主要功能就是为人们的欲求划分、确定一个适当而合理的"度量分界"，以便"养人之欲，给人之求"。这主要包含两个方面的含义：

一方面是说，人的欲求是无限的，而物质资源却是有限的，无限地满足人们的物质欲求，会使物质资源匮乏乃至穷竭，反而会使人们的物质欲求得不到满足，或者人们为了满足各自的物质欲求而围绕着有限的物质资源彼此展开争夺和争斗。因此，为了在人们的欲求与物质资源两者之间达成一种平衡，使两者相互维持，既能使人们的物质欲求得到适当地满足，而又能使物质资源不至于匮乏穷竭，从而使人类长久地可持续地生存下去，那么，制定礼义以划分、确定一个适当而合理的“度量分界”便是十分必要的了。

另一方面是说，如果人们的权势地位都是平等的，而在物质欲求方面的要求也是相同的话，那么物质资源不足以使人们的物质欲求得到相同的满足，也同样会导致社会的纷争、混乱和穷困，因此，通过制定礼义而使人们的欲求得到普遍而适度的给养和满足的同时，还需要按照等差性的区分原则有差别地而不是平均地满足人们的物质欲求，这就是荀子所谓的“贵贱有等，长幼有差，贫富轻重皆有称者也”，意思就是人们在身份地位上的贵贱长幼的等级差别和对物质财富占有的多寡应相称对应而互为表里才是合理的。

三是，礼义还具有分等差以制序、分人事以治平的重要功能。

在荀子看来，为了消弭人世间的纷争，使人们过上一种“群居和一”的生活，也必须制定礼义，以便使人们“有贵贱之等，长幼之差，知愚能不能之分”；而在以礼制序，即通过礼义之分而使社会形成一种等级差序格局的基础上，再使人们都能够在各自应承担的“分事”和职务上各守其业、各尽所能、各得其宜。比如农民尽力耕作种田以供粮食之需，商贾精勤经营以流通货物财富，百工巧思制作以备器械之用，士人、大夫以至于公侯皆以其仁厚知能担任不同的官职，那么，尽管大家职业分工不同，知识、能力和道德修养有差异，但是，只要人们都能够尽心竭力地从事各自的“分事”，就可以实现天下的治平目标。

总之，礼义法度是由圣人先王制作的，是用来矫治和转化人的本性、规范和节制人的情欲的工具，但它们又绝不仅仅是一种工具，而更是人的本质属性的体现，并具有修身、“养人之欲，给人之求”、制序分事的功能，是否依礼义而行，乃是做人的根本要求和国家治乱的根本命脉所在！反之，“人无礼则不生，事无礼则不成，国家无礼则不宁”。

### 4. 为君之道与以礼治国

正是基于上述思考，所以荀子在政治上提出的最主要的观点和主张就是，为人君主的统治者应该以礼义来修身治国或正身正国。

在荀子看来，以礼义修身，以公义克制自己的私欲，乃是为人君者的第一要务，因为君主修身与否关系着整个国家的治乱和兴衰。

荀子说，如果说君主是仪表，而人民就是仪表的影子，仪表端正，影子便端正；如果说君主是盘盂，而人民就是盘盂中的水，盘是圆形的，水也就是圆的，而盂是方形的，水也就是方的。所以，君主是人民治乱的源头，源头的清浊决定着流水的清浊。只有君主能够以礼义正身修德而去爱民、利民，人民才会亲君爱君；反之，君主不能爱民和利民，人民也就不可能亲近和爱戴君主；不亲君爱君，人民也就不愿为君主服务和作出牺牲；人民不愿为君主服务并作出牺牲，君主要想求得军队强劲和城池稳固也是不可能的，兵不强劲、城不稳固而敌人也就会前来进犯，敌人进犯则国家就会危乱、削弱乃至走向灭亡。因此，君主爱民则国家安宁，君主好士则国家尊荣，这两者君主一条都做不到的话，国家就会灭亡。

像孔孟一样，荀子也认为，君主在整个国家的治理当中扮演着一种决定性的政治角色，但如上所言，荀子虽然也强调君主应以修身为本，而他对于为君之道的问题所作的理论思考和探究较之孔孟则更进一步，也更为深刻和系统。依荀子之见，既然君主担负着治理国家和人民的"重任"，所以不能不讲求为君之道。那么，荀子所谓的为君之道究竟指的什么呢？君之所以为君，又究竟意味着什么呢？就此，荀子提出了他的一大卓见，那就是：君之所以为君，其职责就在于他"能群"，意即能够维系人类的群体性的社会生活秩序。正所谓"治国有道，人主有职"。

具体而言，荀子所谓的为君之道或君主的职责主要体现在这样四个方面：

一是要善于生养人，即减少工商业者，增加务农之人，禁止盗贼，铲除奸邪，人民就可以生息繁衍，这就是所谓的生养人之道；

二是要善于班（辨）治人，即明分定职，自天子三公、诸侯一相而至于大夫和士，人人各守其职分，遵循法度，奉行公义，这就是所谓的班治人之道；

三是要善于显设人，即尊德尚贤，“论德而定次，量能而授官”，根据一个人的德行而论定其地位的高低，考量一个人的才能大小而授予其相应的官职，使每个人都各有其相应的“分事”，并各得其所宜，这就是所谓的显设人之道；

四是要善于藩饰人，即修定衣冠服饰方面的等差制度，以象征和显示人的不同的身份地位，这就是所谓的藩饰人之道。

如果君主做到了上面的四点，人们就会亲之、安之、乐之和荣之，乃至天下人皆愿意归往之，这就是所谓的“能群”。反之，天下人则会离去他往，那么，君主也就不成其为君主了，不过是一匹夫而已。这就叫做“道存则国存，道亡则国亡”。

除了集中阐述了上述四点为君之道之外，荀子还对为君治国之道多有论述，比如：主张强本节用、富国裕民；主张任贤使能；主张隆礼尊贤、重法爱民；主张以义制利等等。而其中，最为根本的就是，君主不仅应以礼修身、正身，更应以礼治国、理民，而上述为君之道也都可以涵盖在他的礼治主义的主张之下。

因此，在荀子看来，礼之所以为礼，乃是“法之大分，类之纲纪”，是“道德之极”“人道之极”，是学术、道德、政治和所有人类事务及人间秩序的最高准则或终极尺度。礼乃治国安民的根本，礼之于正国家，犹如权衡之于轻重、绳墨之于曲直、规矩之于方圆，礼是国家的治乱与命脉之所系。以礼分施，可以“均遍而不偏”；以礼“明分职，序事业”，任贤官能，则可以“莫不治理”；以礼“明分使群”，全面地安排和建构一种人间伦理秩序，则可以实现“群居和一”、天下“至平”的根本目的。所以说，“礼义之谓治，非礼义之谓乱”。

由上可知，荀子不只是发挥孔子的礼治主张，他还迭出新意，在上述诸多方面提出了许多的“非常之创见”，其中的一些主张虽不无时代的局限性，但为儒学的别开生面做出了自己独特的思想贡献。



## 四、何去何从：王道与霸道之争

战国之世，主导整个天下格局与大势的主要是秦、楚、齐、燕、韩、赵、魏等七个强大的诸侯国家，这就是所谓的“战国七雄”。这七大强国各自为政，而且彼此之间竞智角力，常常以武力相互征讨和攻伐，形成了一种并立竞存、争霸称雄的多极化政治格局。历史的巨变、社会的纷乱和政治上的激烈竞争促使各国统治者竞相寻求富国、强兵、安民、胜敌之道。

那么，要治理国家、平定天下，究竟应采取什么样的政策和措施，奉行什么样的政治方略和路线？这可以说是各国统治者最为关心的问题，也是各家各派的思想家最为关注和热烈讨论的问题。围绕着治国安邦、平治天下的问题，思想家们提出了各种各样的政治纲领、方案和策略。而其中，法家崇尚强权者的霸道主张，而儒家的孟子和荀子则推尊仁德者的王道主张，从而形成了政治理念上的王霸之争及其儒法之间尖锐对立的思想格局。

**1. 商鞅说秦孝公**

商鞅

卫人公孙鞅喜欢法家的刑名之学，年少而有奇才，他先是投奔到魏国国相公叔座的门下做中庶子，等待时机，希望能够得到魏王的赏识而一展自己的政治才干和抱负。

不料，公叔座还未向魏王举荐他，自己就重病不治而死。临危弥留之际，魏惠王曾亲自前往探视公叔座，并向他请教治国用人之策。公叔座建议魏惠王重用公孙鞅，“举国而听之”。惠王默然不语。

惠王临离去前，公叔座又屏退左右之人，向魏惠王建言说：“大王如果不想重用公孙鞅，必须杀掉他，不要让他离开魏国国境。”惠王许诺而去。

公叔座等惠王离去，便叫来公孙鞅谢罪说：“今天大王问我我死后谁可以担任国相，我向大王推荐你，而大王没有应允。然后我又建议大王不任用你，就应杀掉你，大王却答应了我。所以，你赶快逃走吧，免得被捉拿杀头。”

而公孙鞅不愧是一位胆识超人的少年奇才，他听完公叔座的话，不仅没有逃跑，反而镇定地说：“大王既然不能听信您的建议而任用在下,那么他又怎么能听信您的建议而杀掉在下呢？”所以，公孙鞅并未逃走，而是留在魏国，静观待变。

后来，公叔座去世之后，公孙鞅听说秦孝公下令国中求贤，意图重新振兴秦缪公的霸业，于是，公孙鞅便离魏而西去，来到秦国，并通过孝公的宠臣景监求见孝公。

秦孝公召见了卫鞅，卫鞅先是以“帝道”游说孝公，卫鞅讲为帝之道讲了好长时间，听得孝公是昏昏欲睡，什么话都没有听进去。事后，孝公还很生气地怒斥景监说：“你介绍来的这位客人实在不怎么样，我怎么能任用这样的人呢！”

景监对卫鞅也是好生责怪了一番。不过，五天过后，孝公又要求见卫鞅。于是卫鞅又去见孝公，这次他是以“王道”来游说孝公，然而，仍然不合孝公的心意。

事后，孝公又责备景监，景监又责怪卫鞅。

再后来，卫鞅又去见孝公时，他便以“霸道”来游说孝公，孝公听后，心里虽然称善，却还是不能下定决心任用卫鞅。不过，这一次，孝公不再责备景监，而是对他说：“你介绍来的这位客人很好，可以和他谈论治国之道了。”

没过几天，孝公便又急切地想见卫鞅，卫鞅又去见孝公。这一次，孝公与卫鞅席地而谈，在谈话间，孝公不知不觉地两膝前移，最后两人是触膝而谈，一连谈了几天几夜，仍然是意犹未尽，而谈兴不减。

事后，景监高兴地问卫鞅：“你和我们国君究竟讲了些什么，竟然如此让我们国君中意和高兴？”

卫鞅说：“一开始，我劝说贵国国君效法三代之王，奉行帝王之道，而贵国国君说：‘那太久远了。成就帝王之业需要等待时日太久，我肯定不能等待。贤明的君主都是生前就能显名于天下，怎么能等待几百年来成就帝王之业呢？’所以，最后我就用‘强国之术’来游说贵国国君，贵国国君听后龙颜大悦。不过，贵国国君的政治作为恐怕也是难以和殷周之王比德媲美的。”

就这样，卫人公孙鞅赢得了秦孝公的信任和重用，于秦孝公六年（前356年；一说在三年，即前359年）和秦孝公十二年（前350年），先后在秦国进行了两次变法，从而奠定了秦国富强、实现统一六国大业的综合国力基础。第一次变法的内容包括：奖励耕织，生产多的可免除徭役；废除贵族世袭特权，制定二十等爵制，依军功大小授予等级不同的爵位；以法治国，令民为什伍，并实行连坐法；另外，还下令禁烧儒家的《诗》《书》等。第二次变法的内容包括：迁都咸阳（今咸阳东北）；普遍推行县制，“合并乡邑为三十一县”（一说四十一县）；废除井田制，准许土地自由买卖；禁父子兄弟同室居住，创立按丁男征赋办法，规定一户有两个丁男者必须分居，否则加倍征赋；统一度量衡。因变法治秦有功，卫鞅被封于商，故又称商鞅或商君。公元前338年，秦孝公死后，商鞅以谋反罪被车裂，但他的政治功业和精神遗产却留在了秦国。

作为法家的重要代表人物，商鞅是完全遵循着法家的理论主张来实行变法改制的。与商鞅大体同时代的、战国中期的法家代表人物，另外还有韩昭侯的相、郑人申不害和齐国著名的稷下先生之一、赵人慎到，战国末期的法家代表人物、也是法家理论上的集大成者则是荀子的学生韩非，秦王嬴政在读了韩非的著作后是大为叹服，而荀子的另一位学生李斯亦信奉法家的政治主张，并遵循法家的理论主张以辅佐秦始皇统一六国和治理天下，是有秦一代最著名的酷相。

上述商鞅说秦孝公的精彩故事以及后来李斯辅佐秦王嬴政统一六国和治理天下的历史功业，说明战国之世的统治者尤其是秦国的几代国君，他们更喜欢也普遍相信只有法家的政治主张才是真正可以帮助他们成就霸业的。的确，法家人物及其政治主张在秦国统一六国的历史进程中扮演了至关重要的政治角色。

那么，法家的政治主张究竟是一种什么样的理论主张呢？

扼要而言，法家共同的一些政治理论主张主要包含这样几点：人性好利、历史阶段论和实力决定一切的原则共同构成了他们的理论基础；他们在政治上主要是主张实行法治，主张君主应以法、术、势来驾驭和控制臣民；主张鼓励耕战的政策，实现富国强兵的政治目的；主张加强君主的专制独裁，实现君主利益的最大化。

法家相信，人都是好利的或是趋利避害的，没有人不是“自为”或为自己的利益考虑和打算的；人们为名利而生而死，哪里有名利，人们就往哪里奔跑，直至阖棺而死去，人们才会停止对名利富贵、田宅爵禄的欲求与追逐。对此，法家从不作是非善恶的判断，以为法家所持的是一种性恶论，乃是一种出于荀子式的人性观点或自身对人性好利的善恶判断的误解，对法家人物来讲，人之好利毋宁说是一种中性意义上的可资利用的人性的弱点。

法家认为，人类社会历史的发展变化是一个可划分为截然不同的几个阶段性的演进过程，如韩非就是这样来看待整个人类的历史发展进程的：他将历史划分为上古、中世和当今三个不同的时期，并指出，不同历史时期需要不同的统治方法。上古时期，人类的生活条件虽然简陋，但资源丰富，人口稀少，所以人们不需要为了生存而围绕着资源的争夺相互残杀，而是能够相互辞让、讲求道德，但这并不说明当时的人们就是高尚的；中世的时候，随着人类的生活条件和生存环境的变化，单靠道德已不能维持彼此和谐的共存了，为了生存，人们不得不相互展开竞争，于是运用才智谋略以图维持自身的生存，成了这个时期的主要特征；而最后，在韩非看来，就他所处的“当今”这个时期来讲，人类已经进入了一个大争之世、多事之秋，人们为了维持自身的生存、维护自身的利益，不得不进行更为残酷的你死我活的争斗，在这种情况下，合纵连横的那一套智谋计策已不能发挥最有效的作用了，实力才是最终的决定性因素和力量。所以说：“上古竞于道德，中世逐于智谋，当今争于气力。”

法家崇尚实力，认为实力的大小决定着国家的强弱与治乱，决定着国家之间的霸强与屈服的关系，决定着君民之间的统治与服从的关系。在他们看来，无论是儒家的仁义道德之说，还是道家的柔弱无为之论，都不足以治理国家，使国家真正富强起来。唯有依靠实力和法治，才能使国家治强而立于不败之地。而实力的源泉就在于耕战，就存在于人民中间。一个君主和国家要想拥有战胜一切的实力就必须实行法治，奖励耕战，加强君主的专制独裁。

因此，法家的治国之策就是，君主应利用人性好利（绝不是认为人性好利是恶的而试图改变、矫治和转化它）这一点，通过利诱利导的方式或鼓励耕战的政策，并运用赏罚或法术化的统治手段，来人为地营造一种让臣民不得不服从君主统治的政治环境，以便基于权势和实力的不对称关系之上，使君主能够随心所欲地绝对地支配、控制和操纵臣民的行为，使之完全听命和服务于君主的最大利益与政治目的。这无疑是一种为强权者准备的“霸道”性的政治路线与治国方略。

**2. 孟荀的王霸之辨**

正当法家人物如商鞅等力倡尊君，主张实行法治、耕战之策而进行变法改制的时候，儒家的代表孟子则继孔子之后而周游列国、游说诸侯，不遗余力地倡导民贵君轻之说，主张尊王而黜霸、实行“仁政王道”的政治路线与治国之策。随后，荀子又继续阐扬儒家的王道王制的政治理想与主张，稍有不同的是，荀子虽然同样推崇王道，但并不完全排斥霸道，故可以说是一种礼法并行、王霸杂用的政治主张。

孟子之所以极力倡导他那“仁政王道”的理论主张，一个很重要的原因就是他明显感受到了法家的那种霸道的政治纲领与主张对于当时各国统治者的巨大吸引力或广泛影响力，而孟子提倡的“仁政王道”主张正好与之完全不同或是截然相反对立的。因此，孟子要伸张自己的主张，首先必须打破或消除各国统治者对“霸道”的迷信。

不首先打破或消除各国统治者对“霸道”的迷信，孟子的主张便难以实行。因此，孟子不得不费尽心力地对“王”与“霸”两种不同的政治纲领和路线进行辨析，加以区分，力求厘清两者截然不同的政治含义与效果，并在此基础上旗帜鲜明地赞成“王道”而反对“霸道”，或者是崇尚“王道”而贬斥“霸道”，这就是所谓的“王霸之辨”或“尊王黜霸”。

那么，究竟什么叫做“王道”和“霸道”呢？

其实，“王”与“霸”的概念在春秋时期就已经提出来了，不过，它们在含义上虽然有所区分，但还不具有明显对立的政治含义。王主要指的是三代时期维持中国统一的各诸侯国共同尊奉的天下的君主，而霸是指春秋诸侯纷争中在名义上仍然“尊王周室”（尊奉周王为天下共主）的诸侯盟主或霸主，事实上霸在当时扮演了维持中国统一的王的政治角色。春秋时期，王与霸都是被肯定的，如孔子便很赞赏当时的霸主齐桓公、晋文公和秦穆公等，特别是还常常称赞管仲辅助齐桓公称霸的卓越政治贡献。

然而，孟子却赋予了王和霸一种全新的政治路线的含义，并将两者完全对立了起来。他所谓的“王道”，事实上也就是指在实施他前面提出的一整套“仁政”的理论主张和保障民生的政策与措施的基础上，运用道德仁义的力量来统一天下或称王天下。而与之相反，所谓的“霸道”则是指通过使用武力来使人屈服或称霸天下。

孟子曾对梁惠王说：“养生丧死无憾，王道之始也。”对齐宣王说过：“保民而王，莫之能御也。”意思是说：实行仁政，让老百姓生活有保障，衣食无忧而对生养死葬都没有什么遗憾和不满的，这便是王道的开端；在尽心尽力使人民过上安定生活的基础上去统一天下或称王天下，就没有什么能阻挡得了的。可见，在孟子看来，实行保障民生的仁政乃是贯彻和落实以德服人的“王道”路线的基础和保障，而“王道”路线的贯彻和落实反过来也正是实行仁政所带来的既自然而又必然的逻辑结果。

在孟子看来，仁政的实施足可以为一个国家的君主奠定下统一或称王天下的坚实的道德基础，甚至会使其仁心仁德发挥出一种天下无敌的无穷感召力，所以孟子常常对各国的诸侯国君们讲“仁者无敌”“仁人无敌于天下”或者“国君好仁，天下无敌”。而无敌于天下的仁者，事实上也就是“以德行仁”的王者。

孟子说，“以德行仁者王”，意思就是依靠道德的力量来实行仁义之道，就可以称王天下，如此带来的效果便是“以德服人”，即可以达到或实现一种使天下的人民心悦诚服的政治效果，这就是“王道”的力量。

反之，“以力假仁者霸”，意思就是依仗着实力或通过武力的征服，并打着虚假的仁义的旗号，也可以称霸诸侯，不过，这种“霸道”其实只是“以力服人”而已，人们之所以屈服，并不是真的心悦诚服，而是因为自己实力不够的缘故。霸道也讲仁义，但那不过是用来骗人的招牌和幌子。

然而，在孟子的时代，“霸道”的政治路线却更符合各国统治者的胃口，更能吸引他们，似乎也更能体现当时的时代精神。而“王道”的政治路线反倒显得过于迂阔和理想化。正如孟子对梁襄王说，只有不嗜好杀人的君主才能统一、平定天下，而现实中各国的统治者却没有不嗜好杀人的。

但是，孟子认为，也正是由于现实中的各国统治者喜欢奉行霸道的政治路线，所以才造成和导致了战国时代的混乱局面和可悲状况。在他看来，三代以后，那是每况愈下，春秋时期的“五霸”可以说正是破坏了三代王道的罪人，不过，“五霸”毕竟还实行过一些善行德政，而当今的各国诸侯可以说又是“五霸”的罪人。更甚者，今天的各国大夫则可以说又是助长、逢迎诸侯国君之恶行的最大罪人。而要想根本扭转或彻底改变整个时代的精神氛围和政治状况的乱象，孟子别无选择，他只有大力倡导他那“仁政王道”的主张，尽管不合时宜，但孟子的可贵之处也正在于此，他宁愿怀抱着远大的政治理想和崇高的道德信念而独善其身，也不愿向卑污的现实和错误的观念妥协，他就是这样一位真诚而富有政治理想和道德情怀的思想家，而他那“仁政王道”的政治主张也可以说正是当时最富有仁民爱物之人文精神和道德情怀的一种政治纲领与方案。

后来，荀子虽然反对孟子的人性善的主张，但在崇尚王道这一点上还是与孟子站在同一条政治战线上，他们的政治立场是基本一致的。所不同的是，荀子不像孟子那样在理论上把王道和霸道截然对立起来，所以荀子虽然认为王与霸有原则的区别，但他并不完全排斥霸道。

荀子是这样来区分和辨析王道与霸道的，他说：一个国家的君主只要崇仁尚义、推隆礼治而尊贤使能，就会成为天下的王者；一个国家的君主只要重视法治、关爱人民而讲求信用，就会成为天下的霸者；反之，一个国家的君主好利多诈而一味地运用权谋的话，那就会导致国家危亡的结局。

可见，荀子最为推崇的也是以德义善行服人的王道，并认为，要想统一天下，就必须实行王道，以便争取天下人心的归服。不过，他所谓的霸道却并不单是指以力服人，更主要的是要讲信用，而且，霸道可以作为王道的补充，王、霸是可以相通的，正所谓“上可以王，下可以霸”。而荀子所鄙薄的是恃力逞强而一心想着侵占别国土地的“强道”（相当于孟子所谓的“霸道”）和好利多诈、喜欢运用权谋的危亡之道。

如上所述，商鞅和韩非等法家的思想家和政治家极力地阐扬和推行法治主义的霸道主张，而儒家的孟子和荀子则不遗余力地倡导和推崇以德行仁、重礼讲义的王道主张，他们将王与霸两种不同的政治路线和治国之策同时摆在了当时的各国统治者面前。那么，究竟应何去何从而做何选择？历史的运势和走向又将如何呢？我们将在后面详加阐述。

## 五、民惟邦本：政治的人民性维度

一般而言，传统政治生活的重心主要就是如何处理或协调统治者与被统治者的关系问题。君与民、统治者与被统治者之间可以说既是一种相互对立又是一种相互依存的统治关系，如何化解和缓和双方的对立和冲突，增进和改善双方的依存性和共生性，这也正是过去的思想家考虑问题的焦点。

商鞅、韩非一流的法家学者主要是站在强化君主专制的政治立场上，主张君主应通过法术的手段和策略来加强对臣民的全面支配和控制，所以他们常常讲的是如何“弱民”和“胜民”即削弱和战胜人民的问题。

而与之截然不同的，孔孟儒家更加强调和重视人民的意愿、利益需求及其反抗性的力量。他们在向统治者提出更高更多的政治期望和道德要求的同时，也格外强调人民的重要性，所以他们就常常讲“重民”和“贵民”的问题。可以说，孔孟儒家从人民性的维度来理解政治问题，将人民的重要性提升到了一个异乎寻常的理论高度。

**1. 民生为重**

重视民生、以民为本的政治观念在中国历史上可谓是源远流长，早在《尚书·夏书·五子之歌》中就已明确提出“民惟邦本，本固邦宁”的理念。后来，周公更提出了“保民”的政治新概念，意在强调统治者治民的态度应体察民情，了解民生的疾苦，乃至把人民的苦痛当作是自己的苦痛来予以重视。尤其是，周公还提出“人无于水监（镜鉴），当于民监”的政治观，即统治者应视人民为自己的一面镜子，以便时时照察和反省自己，根据人民之需来调节自己的统治行为。

孔孟儒家继承上述重视民生的民本主义的政治传统，在思想中对民生问题予以格外的重视和强调，乃至将这一民本主义的政治传统更加发扬光大，使“民”的重要性具有了更为突出的理论意义。

孔子将修己的道德要求与安人和安百姓的政治目标紧密地结合起来考察和反省政治统治的问题，他希望为政当权者能够将自己的仁德修养用之于施政为民的目的。因此，在他的心目中，一个君子式的为政当权者关切人民的利益需求，要“因民之所利而利之”以施行惠民之政。孔子本人所最为关切和重视的也正是人民、粮食、丧礼和祭祀这四件事，因为在孔子看来，政治的根本目的就是富民和教民，无人民则不成其为政，所以政治的根本要务就是取信于民。其次，民以食为天，无食人民便无以为生，所以粮食实乃民生第一需求，解决人民温饱之所系的粮食或吃饭问题是解决民生头等重要的大事；然而，民生亦不仅仅是吃饭的问题，孔子之所以重视丧礼和祭祀的问题，是要解决人生意义归属的问题，是要引导人民过一种合乎礼仪的生活，而其中最重要的，亦即礼仪的根本功能和意义就在于使人从生到死都可以得到他人的礼遇和尊重，或者使人能够礼貌地尊重和对待他人，而丧礼和祭祀实具有使人尊重死者或事死如事生的重要功能，从而可以培养人民淳厚的德性，因此，丧礼和祭祀乃是对人民进行道德教养的重要途径。

由上可见，重视民生，可以说是周孔之教的一项重要内容。

**2. 民贵君轻**

继孔子之后，孟子对于“民”的重要性问题有着更为精彩的论述。在孟子的整个政治思考和论说中，“民”可以说尤其占据着一种非常突出和至关重要的地位，这与他所提倡的“仁政王道”的政治理想和主张是相对应和密切相关的。

从“仁政王道”的思想主张方面来讲，孟子无疑对统治者优先寄予着更为深切的厚望，他希望具有仁心仁德的人能够身居高位，更希望为人君者能够成为尧舜那样的仁君圣王，他认为只要君主能够由仁义而行，那么一个国家的人民也就都会跟随影从、尊仁尚义。

相对而言，孟子也认为，一般民众只是依循着日常的习俗来行动和生活而缺乏自觉的人，他们缺乏道德的“恒心”，有待于先知先觉者去启发和唤醒他们的道德觉悟，有待于统治者实施“仁政”来培植和提升他们的道德教养。

然而，人民的重要性却在孟子的思想里被提升到了一个不同寻常的历史高度，他把早在他之前就已产生的“民为邦本”的古老政治观念和孔子的“重民”思想发展到了一个全新的理论高度。不论是在他对有关天下国家的治乱、盛衰和兴亡所作的历史经验教训的总结反思中，还是在他对“仁政王道”的政治理想和主张的构想和倡导中，“民”的因素都始终处于孟子思考问题的中心地位。

就夏、商、周三代的历史兴替来讲，夏、商、周三代之所以最初能得到天下是由于仁，而最后又失去天下则是由于不仁；而一个国家的兴起和衰败、生存和灭亡也是同样的道理。也就是说，统治者是不是仁或能否实行仁政决定着天下的得失兴亡、国家的存废盛衰。而说到底，那还是因为实行仁政可以赢得民心，背离仁政则会失去民心。所以孟子说：夏桀和纣王之所以失掉了天下，其根本的原因就在于他们失去了人民的支持，而他们之所以失去了人民的支持，那又是因为他们失掉了民心的缘故。正因为如此，商汤和周武王才能战胜他们，赢得了天下。因此，可以说，正是人民的力量或民心的向背决定着一个王朝或天下国家的盛衰和兴亡。正所谓"得乎丘民而为天子"，或者说"得民心者得天下，失民心者失天下"，这就是孟子教给世人的一个颠扑不破的道理。

从三代兴亡的历史经验教训中，孟子深刻地认识到人民或民心的力量及其重要性，而在现实生活中，孟子更是深切地体会到蕴藏在人民中间的一种反抗暴政的伟大力量。凡是对待人民残酷暴虐的，人民就会起来反抗，推翻他的统治；在人民的反抗中，君主本人会被杀死、国家也会灭亡。孟子常常以此来警告各国的统治者，甚至认为人民对暴政的反抗或报复是合情合理的，所以他才奉劝统治者们最好是实行他的"仁政王道"的主张，只有这样，人民才会心悦诚服地支持和拥戴你。

正是基于上述历史的反思和现实的切身感受，孟子发出了一个振聋发聩、震古烁今的呼声：“民为贵，社稷次之，君为轻。”意思就是说：在人民、社稷和君主三者当中，人民是最重要的，社稷（土谷）之神还要放在其次的位置，而国君则是份量最轻的。那是因为赢得人民或民心的支持就可以得到整个天下，社稷之神只是守护一方的神灵，而受命于天子的诸侯国君如果危及社稷国家的话则是可以变置改立的。

既然人民或民心是如此的重要，那么，究竟应如何才能赢得人民的支持和民心所向呢？

除了“仁政王道”的主张外，孟子还提出了一种更为简洁而明快的赢得民心的办法，他是这样说的：“获得天下的方法是：赢得人民的支持，从而获得天下；获得人民支持的方法是：赢得民心，从而获得人民的支持；获得民心的方法是：民心有好恶，人民所喜好和欲求的，就给与他们或替他们聚集起来；人民所讨厌和憎恶的，就不要强加给他们。”事实上，这样一种办法，具体地来讲，同样是要统治者以仁心行仁政而已，不过只是换了一个角度而已，即从民心好恶的角度向统治者提出的一种顺应民心的要求。

在孟子看来，统治者果真能做到这一点的话，那么，民心所归就会像水向下处流和兽向旷野处奔走一样而不可遏止。所以，如果当今天下有哪一个诸侯国君好仁并行仁政的话，他想不统一、称王天下都做不到；反之，如果是无心于行仁政，那他就会终身遭受忧虑和困辱，以至陷于死亡而已。

总之，在孟子的心目中，人民或民心在政治生活中的位置是最重要的，民心所向决定着天下的兴亡、国家的治乱。因此，统治者必须尊重民意，顺应民心，好人民之所好，恶人民之所恶，或者如《大学》所言，“民之所好好之，民之所恶恶之”，统治者只有做到了这一点，他才配做“民之父母”而为人君上；统治者也只有让人民生活安定和富足、感到满意和幸福，他们自己的身家性命才会安全而有保障，乃至统一天下的目标才能得以达成，平治天下的愿望才能得以实现。

### 3. 与民同乐

关于统治者如何才能赢得民心的问题，孟子的主张还不止于以上那些观点和看法，他还提出了另外一种更加有趣且极其富有独创性意义的见解和想法，即如果统治者能够做到“与民同乐”的话，那么，人民自然也会心甘情愿地与他站在一起共同分享快乐。

这是真的吗？这究竟是怎么一回事？究竟是一种什么样的快乐的情景呢？且看孟子在同各国诸侯国君的交谈中是如何讲述的吧。

在魏国的时候，孟子与梁惠王会见，常常谈论和畅想“仁政王道”的美好愿景，俩人谈得还算投机，就是在与梁惠王的一次交流会谈中，孟子首次提出了“与民偕乐”的重要政治命题。

一天，孟子去见梁惠王，惠王正在宫内花园的池塘边散步，只见麋鹿双双，白鹤翩翩，看着这眼前的美景，不仅心旷神怡，有些飘飘然。于是，便高兴地问孟子说：“有德的贤人享受着眼前的美景，也同样会感到高兴快乐吧？”

孟子环顾四周，微微一笑，颔首答道：“只有有德的贤人与民偕乐，才能享受眼前这样的美景，而且感到由衷地快乐；而缺乏贤德的人纵使享有眼前这样的美景，他也不会快乐。”

上面的话顿时让梁惠王陷入了深思。是的，只要为人君者还存有一点点的良心善性，而不是完全地丧失掉了，是该认真地好好想一想“与民偕乐”的问题。

后来，孟子离开魏国，来到了齐国。

此时，齐国的君主齐宣王正雄心勃勃地一心想着怎么样扩张疆土、威服诸侯、雄霸天下，所以孟子到齐后与宣王君臣谈论得最多的还是他那“仁政王道”的政治理想与主张，而且，在晤谈中，双方唇枪舌剑，精彩纷呈。在这个过程中，孟子更是向宣王君臣反复陈述他那“与民同乐”的卓越见解，把他的想法阐述得也更加清晰而明确了。

有一天，齐人庄暴前来拜见孟子，谈话中谈起了齐宣王喜欢音乐的问题，庄暴请教孟子说：“我去朝见我们的大王，大王告诉我说，他喜欢音乐，我不知道应该怎样回答。”

接着，庄暴心存疑惑地问孟子："喜欢音乐到底好不好呢？"

孟子答道："如果大王非常喜欢音乐的话，那么齐国便有希望治理好了。"

这话让庄暴感到更加地莫名其妙，还是不明白其中的道理。

过了几天，孟子去王宫谒见宣王，问道："大王曾经告诉庄暴，说您喜欢音乐，有这回事吗？"

宣王面露羞赧，不好意思地说："我不喜欢先王时代的古乐，只是喜欢当今流行的那种现代的音乐罢了。"

孟子和颜悦色地说："这有什么关系呢？古代的音乐和现代的音乐都是一样的，只要大王发现喜欢，那齐国就有希望治理好了。"

齐王有些纳闷，不明白自己喜欢音乐与把齐国治理好有什么关系。就像庄暴那样，一脸疑惑地问孟子："这是什么道理呢？您能给我讲讲吗？"

于是，孟子就问宣王："您觉得，是一个人单独地欣赏音乐快乐，还是同别人一起欣赏音乐快乐？这两种快乐，哪一个更快乐呢？"

宣王不假思索地回答说："当然是和别人一起欣赏音乐更快乐。"

孟子又问："是同很少的几个人一起欣赏音乐快乐，还是同很多人一起欣赏音乐快乐？哪一个更快乐呢？"

齐王又很干脆地回答说："当然是和很多人一起

欣赏音乐更快乐。”

接下来，孟子便开始滔滔不绝地向宣王来陈述他那独到而精彩的看法，他说：“既然这样，那就请大王耐心听我给您详细讲讲欣赏音乐和快乐的道理吧。比如说，大王今天举行盛大的音乐会，钟鼓齐鸣，管弦同奏。动听悦耳的美妙音乐传到远处，而老百姓听到后，却皱着眉头，露出痛苦不堪的样子，并不胜其烦地议论说：‘我们的大王这么喜欢欣赏、演奏音乐，而我们为什么却沦落到这样的地步呢？父子不能相见，兄弟妻子东离西散。’再比如说，大王今天坐着华美的车子去打猎，老百姓听到车马的声音，看到仪仗的华丽，却都愁眉苦脸地议论说：‘我们的大王这么喜欢打猎，而我们为什么却沦落到这样的地步呢？父子不能相见，兄弟妻子东离西散。’为什么老百姓会这样呢？这没有别的原因，就是因为大王只顾着自己独自一人快乐，而不愿意和老百姓一同快乐呀！”

孟子接着说：“假如情况是另外一个样子，老百姓听到大王正在欣赏、演奏音乐，全都眉开眼笑、高兴地相互转告说：‘我们的大王一定是身体很健康吧，要不然怎么能欣赏音乐呢！’老百姓看到大王去打猎，也全都眉开眼笑、高兴地相互转告说：‘我们的大王一定是身体很健康吧，要不然怎么能外出去打猎呢！’为什么老百姓会这样呢？这没有别的原因，就是因为大王能‘与民同乐’的缘故。如果大王现在能与老百姓一同快乐的话，那么就可以使天下归服、称王于天下了。”

既然“与民同乐”有这样神奇的政治效果，可以使国君称王于天下，那么究竟应怎样做才叫做“与民同乐”呢？而为什么有的君主不愿意“与民同乐”，问题又究竟出在哪里呢？明确了问题所在，那又该怎么办呢？

说来道理其实很简单，那就是：凡是能够以老百姓的忧乐为忧乐的君主，老百姓也会反过来回报他而以他的忧乐为忧乐。道理就是这么简单明了，但是，它却是最耐人寻味的。孟子在和齐宣王的一次雪宫问对中，讲的就是这样一个道理。

一天，齐宣王在他的一个叫做雪宫的离宫别墅中召见孟子。宣王就问孟子：“有德的贤人也有这样的快乐吗？”梁惠王也问过孟子同样的问题，真是君同此心，心同此乐呀！看来，雪宫应该是一个不错的地方，豪华的别墅，建在幽雅怡人的环境中，肯定是一个休闲、娱乐、观光的好去处，不然，宣王不会问孟子这么一个是个人只要陶醉其中都会犯傻的傻问题。

孟子一听宣王问了这么一个问题，知道他还是没有深入透彻地理解和领悟“与民同乐”这样一个简单的道理，就干脆更加直白地对他讲：“像这样的快乐，人们得不到，是肯定会埋怨、非议国君的。得不到就埋怨和非议，这当然是不对的；但是，作为一国之君，高高在上，有快乐却不与人民一同享受，这肯定也是不对的。凡是以老百姓的快乐为快乐的，老百姓也会以他的快乐为快乐；凡是以老百姓的忧虑为忧虑的，老百姓也会以他的忧虑为忧虑。能够和全天下的人同忧同乐，然而还是不能称王天下、不能使天下心悦诚服地归服于他的，这是从来没有过的事。”

从上面孟子反复向齐宣王阐述“与民同乐”的道理来看，孟子真的是希望统治者能够与人民打成一片，乃至形成一种感人至深的君民之间忧乐与共、情感交织、其乐融融的政治场景。这样的场景，使政治生活变成了一个最能充分或淋漓尽致地发挥人类休戚与共的精神或情感共鸣的场所，在其中，君民双方都会感受到真正的精神、情感和心灵上的快乐。因此，可以说，在孟子看来，这种“与民同乐”的王道政治才是最大的政治，是当时的各国君主应该追求实现的最根本的政治目标。

“乐民之乐者，民亦乐其乐；忧民之忧者，民亦忧其忧。”这就是孟子留给后世的千古名言。凡是能够以人民的忧乐为忧乐的，人民自然也会作出积极地回应，快乐着他的快乐，忧愁着他的忧愁！

然而，国君们为什么就不能“与民同乐”呢？他们为什么就是做不到这一点呢？原因究竟何在呢？

说白了，那是由于国君们的私心太重、私好太多的缘故。也许有的国君不愿意承认这一点，他会争辩说，我是这么这么“为公”“为民”地着想啦，怎么就私心太重、私好太多了呢？

不过，齐宣王在这个问题上的表现倒是坦诚敞亮得很，当孟子问他既然觉得实行“仁政王道”好而为什么就是不能实行时，听了齐宣王的回答，读者朋友一定会觉得我们的这位齐宣王真是一位坦诚得非常可爱的君主。

他是怎样回答孟子的问题的呢？

孟子问齐宣王：“既然大王觉得我所讲的‘仁政王道’好，那为什么不去实行呢？”

宣王回答说：“寡人有疾，寡人好货。”（“我有个毛病，我喜欢钱物财货。”）

孟子开导他说：“这有什么关系呢？过去，周朝的始祖公刘创业的时候，也很喜好钱物财货。《诗经》上说他的粮食特别多，堆满了粮仓；他率领的军队，包裹里装满了干粮。所以，留在家里的人有粮吃，军队的将士们也不会饿肚子，这样他才能率领军队上前线。大王您如果真的喜欢钱物财货，并能像公刘那样和老百姓共同享用，那实行仁政王道又有什么困难的呢？”

宣王又回答说：“寡人有疾，寡人好色。”（“我有个毛病，我喜欢美女美色。”）

孟子又开导他说：“这有什么关系呢？过去，周朝的太王（古公亶父）也很好色，喜欢他美丽的妃子。根据《诗经》里的记载，古公亶父常常带着自己美丽的妻子姜氏女，一大清早骑着马沿着漆水河边来到岐山之下，视察那里的人民的住处和生活。在那个时候，成年的男女都能够正常结婚，过着幸福的家庭生活，既没有找不到丈夫的女子，也没有找不到妻子的男子。大王您如果真的好色，并能像古公亶父那样，让老百姓都和自己一样过上幸福的家庭生活，以至于内无怨女、外无旷夫，那实行仁政王道又有什么困难的呢？”

不仅是有好货、好色的毛病，有一次，齐宣王还对孟子讲了他的另外一个毛病，就是“好勇”。宣王希望自己在与近邻的国家交往时表现得勇敢一些，以便威服对方，让对方畏惧他、害怕他。

孟子又是这样开导他的：“请大王不要喜好小勇。像有的人，长得四肢肌肉发达，身强力壮，对人稍有不满，就手按利剑、瞪着眼睛说：‘你怎么敢和我作对呢！’这叫做匹夫之勇，也就是能敌得住一个人的小勇。请大王还是不要喜欢这种小的匹夫之勇，要喜欢就喜欢周文王和周武王的那种大勇。过去，莒国受到侵略，周文王勃然大怒，整顿军队去阻击侵略莒国的敌人，既增强了周国的威望，也回报了各国人民对周国的向往。这就是文王之勇，他一发怒就使天下的人民得到安定。商纣王暴虐无道，残害天下的百姓，周武王认为这是奇耻大辱，所以就率领军队讨伐纣王。这就是武王之勇，他也一发怒就使天下的人民得到安定。现在，如果大王也一发怒就使天下的人民得到安定的话，那么，天下的人民怕是惟恐大王不好勇呀！”

面对好货、好色又好勇的齐宣王，不知读者朋友会作何感想，又会怎样回答，也许您会直接对宣王说：“您这些爱好都不大好。”然而，孟子的回答却更加地委婉而精彩，他告诉齐宣王：喜好什么其实并没有关系，也没有什么不好，国君也是人，岂能没有一点什么喜好？不过，如果能将自己的喜好推广到老百姓的身上，那岂不更好吗？就这样，孟子只是因其所好，但他所希望的是一步一步地将齐宣王引导到实行“仁政王道”并与人民共同分享其成果即“与民同之”的光明大道上来。

孟子真的是一位循循善诱的王者之师。为了诱导和说服那些满腔子的私好私欲的君王们实行“仁政王道”以及他那“陈义尤为精当高远”的“与民同乐”的政治理想，孟子充分发挥和展现出了一位思想大师的智慧和勇气。在谈笑风生之中，他把问题处理得恰到好处，既举重若轻，妙趣横生而又发人深省。更为重要的是，在孟子的谈话艺术中，还贯穿着一种激发人的良知而催人上进的道义的力量。

**4. 立君为民**

在中国人的政治文化传统中，还有一种古老的政治观念，那就是人类都是上天所生，上天有好生之德，有爱民之意，而由于人民需要治理，所以上天便为他们确立了一位君主来统治他们，以保障人民过上一种富足而有教养的生活，这体现了上天爱民之意。所以，上天立君绝不是要使君主一人骑在人民头上作威作福而肆意妄为，反之，君主之作为君主，应担负起代天牧民的重大政治责任，而君主尽其对人民的责任实际上也就意味着是在尽他对上天的责任。荀子就持有这样一种观点和看法，所以他说："天之生民，非为君也。天之立君，以为民也。"

所谓的立君为民，像孔孟一样，荀子的意思也同样是希望统治者能够实行王道政治，而王道政治的两个基本方面就是富民和教民，正所谓"不富无以养民情，不教无以理民性"，也就是说，富民和教民的目的在于养民情和理民性而使之能够弃恶而向善。具体而言，所谓"王者富民"，就是应保障每家有五亩的宅院和一百亩的耕田，使人民能够安心务其本业，应"轻田野之税"，不要侵夺或违背农时而擅兴力役，统治者自身还应节制用度等，这就是富民之道；在富民的基础上，再从中央到地方兴办各级学校，修明礼教，引导和教育人民识书达礼，这就是教民之道。而且，荀子还引《诗》来说明道："《诗》曰：'饮之食之，教之诲之。'王事具矣。"可见，荀子所谓的富民、教民之道要解决的也是饮食民生和人民的道德教养的问题。

除了讲富民和教民之外，像孟子一样，荀子也特别强调统治者应敬畏民力的问题，即人民的反抗性力量可以推翻君主的统治，这一点足可引起统治者的深刻反省和高度警觉，也会让统治者真正懂得民力民心的向背决定着国家治乱、天下兴亡的道理。所以，荀子说，能够得到百姓尽力支持的，国家才会富裕；能够得到百姓以死效命的，国家才会强大；能够得到百姓倾心赞誉的，国家才会尊荣。这三者具备，天下的人心就会归服；这三者失去，天下的人心也就会失掉。天下人心归服，这就叫做"王"；

天下人心丧失，这就叫做“亡”。

如果君民之间的关系用一个最恰当而具有深刻寓意的说法来表达的话，那就是君和民之间就像船和水的关系一样，水既可以承载船只，也可以打翻船只，所以，荀子说：“君者，舟也；庶人者，水也。水则载舟，水则覆舟。”这一君舟民水论的提出，是与他那立君为民的观念相一致的，而且更为深刻而富有创见，它一方面指出了人民是君主统治赖以存在的基础，另一方面又承认人民的力量能够推翻君主的统治。特别是后一方面的认识，其意义更为深远，影响也更为深刻，常常能够激发起统治者居安思危的政治忧患意识，譬如唐太宗君臣常常能引此以为诫，故而才会有“贞观之治”的盛世出现。

**5. 小结**

综上所述，孔、孟、荀生活在因战乱而民不聊生的时代环境中，他们旗帜鲜明地站在关切民生、力主重民贵民的立场上提出了一系列重要的富民和教民的政治主张和命题。他们那民生为重、民贵君轻、与民同乐、立君为民、君舟民水的政治观念，可以说既渊源有自，而又影响深远，体现了中国政治文化中的优良的人文精神和政治传统。像北宋著名政治家和改革家范仲淹在《岳阳楼记》中所说的“居庙堂之高，则忧其民；处江湖之远，则忧其君”，及其“先天下之忧而忧，后天下之乐而乐”的仁者之心；还有明亡清兴之际的著名政治思想家黄宗羲所说的“天下之治乱，不在一姓之兴亡而在万民之忧乐”。他们的这种以天下万民之忧乐为忧乐的仁者情怀，无不秉承了这样一种儒家的政治文化精神。历代的仁人志士和杰出的思想家和政治家正是由于受到儒家的这种民本观念和政治精神传统的影响，而无不慨然以澄清天下、经世济民为职志，从而在历史上留下了他们那心系苍生、关怀民生而传诵千古的名言警句，也为后世树立了为救济天下苍生、为民生忧劳而鞠躬尽瘁的永远值得我们学习和效法的典范和榜样。

也许儒家的重视民利、民生、民意的观念，特别是像孟子的那种“仁政王道”“民贵君轻”和“与民同乐”的信念与主张，由于过于理想化而似乎显得在当时非常地不合时宜；或者，像有的学者所说的那样，儒家的重民或孟子的“民为贵”只是一种民本或以民为本的观念，并不是现代的主权在民、让人民享有参政权的民主民权观，而且，当时对“民意”的重视，由于缺乏一定的制度环境做保障，那是很难落实的；或者，也像“与民同乐”的政治理念那样，只要当权者的私好私欲不能从根本上受到一种客观的、硬性的制度制约的话，它们不可遏止的膨胀将会使“与民同乐”的理想、希望或美好的愿景最终落空；但是，我们却不应苛责古人，期望我们的先哲为我们解决、处理好所有的问题，或者给我们留下一个完美的世界，我们应勇于承担起我们自己的使命与责任，用思考和行动去应对和解决先哲未能化解掉的思想难题和现实困局。

## 六、内圣与外王

有一种说法常常被用来概括和说明孔孟儒家的政治思想主旨，这种说法就是所谓的“内圣外王之道”。这一说法既概括性地表达了儒家的一般政治理想诉求，而在历史上又最宜于被专制帝王现实而歪曲地利用为“王圣”化的思想资源，正是在这种理想化的政治诉求与现实化的歪曲利用之间，我们可以更好地来理解或深切地领悟儒家君子的道德性命之学的独立意义及其生存困境，这也决定了儒生士人在政治参与与道义追求之间行止出处的选择方式及其生存困境。

### 1. 内圣外王的一般含义

所谓的“内圣外王之道”，分别来讲，“内圣”指的是孔孟儒家讲的修身之学，孔子所谓的克己和修己，《大学》所谓的诚意、正心和修身，孟子所谓的存心养性，荀子所谓的修身和治气养心，都属于此，这是一种内在品德修养的问题；而“外王”则是指治国平天下的政治之学，孔子所谓的安人和安百姓，孟子所谓的仁政王道，荀子所谓的礼治王道，都属于此，这是一种外在事功作为的问题。

按照一般的理解，上述两个方面的问题是彼此关联为一体的，简单讲，所谓的“内圣外王之道”乃是一种由内圣而外王的逻辑思维理路，即在内圣的道德修为的基础上来实现外王的事功作为，按照《大学》的表述方式来讲就是，由格物而致知，由致知而诚意，由诚意而正心，由正心而修身，由修身而齐家，再由齐家而治国，最后是由治国而平天下。

按照上述对内圣外王之道的一般含义的理解，将孔孟儒家的政治思想主旨概括为“内圣外王之道”，我们认为大体上是不错的。因为从逻辑推理上来讲，毕竟他们的政治思考基本上是遵循着一种由内圣而外王即内修道德性命而外求经世济民的逻辑思维理路的。如孔子即希望当时的各国国君和执政当权者应先修己而后治人或先正己而后正人，不过，孔子也有明言，他生活在一个圣人不得而见的时代，他似乎并不急切地希望和期盼圣人出世而作王。而与孔子不同的是，孟子和荀子所处的是一个世事的变乱更趋剧烈的时代，因此，他们希望和期盼圣人出世而作王的心情也更为急切和紧迫。

孟子的理想是“惟仁者宜在高位”，同时他也希望现实中的各国统治者能够寻找回来已放失掉的自己的良心善性加以存养扩充，然后“举斯心加诸彼”，在政治上实行“仁政王道”，从而实现统一、平治天下的政治目标。不仅如此，孟子还曾经作过一个预言性的历史推论，提出了“五百年必有王者兴”的重要命题，认为从尧舜到商汤，从商汤到周文王，大体上是每过五百年就会有一位圣王出现，而自周文王和周武王之后，降至春秋战国时代，圣王应运而兴正当其时，由此足可见孟子盼望圣王降世的急切心情。因为在孟子看来，正是由于圣王的消逝，才导致了当下世事的混乱，而唯有圣王再次出世，才能彻底扫除和根治天下的乱源和祸害。

荀子盼望圣王出世的心情也不亚于孟子，甚至是更有过之，而且他把“圣人最宜于作王”的观念表达得是再清楚明白不过了。也就是说，在荀子看来，只有最适合的人选才能够做统一和平治天下的天子或王者，这个最适合的人选就是集所有美德、道义和智慧于一身的、“备道全美者”的圣人。所以，荀子说：“天下是至重的，不是至强之人，是不能担当治理它的重任的；天下是至大的，不是至辨之人，是不能为之制礼明分的；天下是至众的，不是至明之人，是不能使它和谐有序的。这三个方面，不是圣人，是不可能全都做到的。所以，不是圣人，是不能作王的。”

可以说，由孟子和荀子所阐明的“惟仁者宜在高位”或“圣人最宜于作王”的观念，充分地表达了儒家的一般政治理想，这是一种将整个天下的治乱系于仁君圣王，并希望治世的仁君圣王再次降临人世的政治期望。

**2. 圣与王的分离**

然而，在我们看来，孔、孟、荀的整个思考和论说显然并没有以上所述这么简单，因为他们很清楚地知道，由内圣而外王的整个过程，其实是需要其他的一些条件才能真正完成和实现的。

孔子自觉地意识到他生活在一个被圣人遗弃的时代，所以他所追求的只是躬行君子之道。

而孟子虽然曾历史地推断说“500 年必有王者

兴”，而且，从尧舜到商汤，从商汤到周文王，从周文王再到孔子，都是相距500多年，按道理讲，孔子德如舜禹，理应当上天子而成就一番政治的外王事业，但是，孟子也清醒地意识到，孔子虽然德为圣人，可他不过是一位布衣圣人，需要在位的天子举荐，他才能够当上天子，而这在孔子的时代是不可能的，所以孔子才没有当上天子。

再就孟子本人来说，他去孔子不远，虽然从周武王到现在已经700多年了，早过了500年之数，不过现在也还是圣人出现的时候。所以，孟子说："在现在这样的形势下，天不想使天下太平罢了；如果想使天下太平，除了我，还有谁能担当这样的重任呢？"圣王不出，则"舍我其谁"而天命自当。不过，孟子本人虽然勇于担当平治天下的大任，但是，孟子心中也必定很清楚，外王的事业并不是说成就就能成就的，并不是说一个人的心性修养得圣人一般，他就必定能够成为平治天下的王者。反过来讲，那些现实中的君王们，也不一定就是圣人，这样说还只是指一种理论上的可能性，而具体到孟子的时代来讲，很明显，在孟子的心目中，当时整个天下的君主没有不嗜好杀人的，因此，真正够得上贤人标准的君主肯定是很稀少的，更别说圣人了。

对荀子而言，问题也是一样的，正如其弟子所言，尽管荀子本人之贤"宜为帝王"，但他生不逢时，"迫于乱世"而"上无贤主，下遇暴秦"，所以"礼义不行，教化不成"。因此，"圣人最宜于作王"所表达的不过只是一种理想，而现世中的君王离他心目中“备道全美”的理想圣王实在差距太远太大。

总之，对孔、孟、荀来讲，治世的圣王只存在于过往的历史之中，如尧、舜、禹、汤、文、武等，而在他们所处的礼崩乐坏的时代境遇，是既需要圣王的出世，而真正的圣人却又难以作王而成就外王的政治事业。

正是因为清醒而自觉地意识到了理想与现实的差距、圣与王的悖离或孔子圣人之道与现实帝王之权势的分裂，所以，孟子和荀子虽然向世人特别是当时的统治者发出了“人皆可以为尧舜”或“涂之人可以为禹”的呼吁，希望“致君尧舜上”，但是，他们又不得不在能不能与为不为或可不可与能不能之间作出明确的区分，乃至划定了一道深深的鸿沟，如孟子说：“王之不王，不为也，非不能也。”而荀子则言：“涂之人可以为禹，则然；涂之人能为禹，则未必然也。”因此，“能不能”与“可不可”之间的不同实在是相差太远了。

**3. 影响与意义**

果如上言，则孔孟儒家的圣王观念实际上包含着两个极为不同的方面，而依我们之见，这两个方面对于人生和政治具有着各种不同的理论与实践上的意义，同时也产生了错综复杂的历史影响。

首先，圣王治世的政治理想诉求，既可以作为一种理论的尺度或标准，被用以批评和反思暴君虐政的现实政治状况，同时，由内圣而外王的表述方式和逻辑推理在历史上也极容易造成一种观念上的误解。这种误解就是，好像儒家的修身之学一旦施行便非到平治天下而不止。或者说，修身之学只是一个逻辑的起点，它本身并不具有独立的意义，而只有实现或达成了平治天下的政治目标，它才富有价值和意义。换言之，圣人一定要做王才是圣人。如果说这样一种误解似乎还没有太大的毛病或流弊的话，但它一旦被倒转过来，其弊端便会立即凸显出来，那就是：那些实现了统一、平治天下的政治目标的王，一定是圣人，要不然他怎么能够统一、平治天下呢？正因为这样想，所以自暴君秦始皇开始，秦汉之后的大大小小、或昏聩或暴虐的帝王们，便莫不喜欢称自己是“圣人”，把自己装扮成“圣王”的样子。正如有的学者指出的，他们不过是些“王圣”而已，即做了王之后再来霸占、垄断“圣人”的称号。因此，儒家的圣王观念在历史上常常被歪曲利用为美化现实帝王的一种文化资源。

其次，圣与王的分离又究竟意味着什么呢？在我们看来，它具有非常重要的理论意义。这可以从两个方面来讲，一方面，正因为现实中的君王并不是理想中的圣王，甚至大多是一些不仁不义、自暴自弃、“望之不似人君”的君主，所以，像孟子那样才要期待豪杰之士的兴起，因为豪杰之士是不用等待文王的出现便兴起而奋发作为的，等待文王的出现而后兴起，那是一般民众的心理。另一方面，既然内圣的道德修养并不能够必定达成或实现平治天下的政治事功，或者使一个人必定成为平治天下的王，那么，内圣的道德修养或心性的存养扩充便不必以实现平治天下的政治事功或追求使一个人成为平治天下的王作为自己的根本目标，果真如此的话，则内圣的道德修养或心性的存养扩充本身便必定含有其独立自足的价值和意义，而不仅仅是平治天下的政治事功或成为平治天下之王的逻辑的起点。

对由圣与王的分离所带来的上述两个方面的问题作进一步地思考，我们也就不难发现，正是前者促使、启发和激励了有志之士的兴起，而有志之士的强烈的社会责任感和历史使命感也正来自于他们对现实统治者的不满，来自于对现实政治的缺陷与弊端的批判性反思，如孔、孟之所以要去游说诸侯、宣扬尧舜之道、倡导仁政王道等等，其内在动机都是源自于对第一个方面的问题的清醒意识或自觉反思。而另一方面，又正是后者将儒家的内圣修身之学引向了另外一种不以成就外王事功为目标的思考方向，也就是说，它所成就的目标除了外王的政治事功之外，也可以只是一种个体生命的道德尊严、个体人生的独立价值以及一种完满自足、自信快乐的心灵境界，对孔、孟、荀来讲，这样一种人生目标的实现比外王事功的政治目标的完成要更为重要。

因此，在人生的穷达祸福之间，孔子坚守着“守死善道”而“君子固穷”的人生信念，他所谓的君子之学也就是“为己之学”。孟子则从心性本身的存养与扩充中来体认人生圆满而自足的真正快乐，他所谓的君子之乐恰恰是将“王天下”排除在外，所以说：“君子有三种快乐，而‘王天下’并不在其中。父母都健在，兄弟们也都没有丧病灾患，这是第一种快乐；无论是对天还是对人，都俯仰无愧疚，这是第二种快乐；得到天下的优秀人才而对他们进行教育，这是第三种快乐。君子有这三种人生的快乐，但是，‘王天下’并不在其中。”而荀子亦强调“君子之学也，以美其身”的独立人生价值与意义，所以说：“志意修则骄富贵，道义重则轻王公，内省而外物轻矣。”也正是从上述儒家的君子之学发展出了一种士人的理想，那就是：仁以为己任，而志尚仁义，或者是以维护公共的道义和弘扬仁义为职志。

然而，儒家的圣王治世的政治理想诉求及其士人君子之学的循道正行、修身以俟的内在品格，既使儒家的学说拥有了一种道义和价值观上的思想优势，乃至儒家学者可以借助于圣王的理想来批评现实的帝王，借助于孔子圣人之道或自己的内圣之德来抗衡现实帝王的权势，同时这也常常使他们陷于现实与理想的张力之间或圣与王分离的现实生存困境之中。因为道义上的思想优势并不等于就是现实中的实力优势，正所谓“秀才遇到兵，有理讲不清”，因此，面对着历史上“王圣”们的愚昧、霸道和嚣张以及群小用事的政治局面，儒家的士人君子在坚守道义与入仕为官、得君行道与谋求稻粱利禄之间，常常陷入进亦忧、退亦忧的现实困境，而终究难以实现其经世济民的政治理想和抱负。

# 道与势之间

## ——儒教中国的基本问题

儒家具有一种强烈的积极入世的精神，他们怀抱着经世济民的理想和抱负，他们怀抱着“得君行道”乃至“从道不从君”的信念与原则，寻求入世而参与政治的机会，这使他们不可避免地要与那些实际执政当权的统治者打交道而陷入与现实政治的纠葛关系之中，乃至不可避免地要陷入“从君”与“从道”的两难困境之中。

在这种纠葛关系和两难困境中，不同的儒生士人可能会做出不同的甚至是截然相反的选择，有的人为了入仕做官、持禄保位而不惜放弃自己坚守道义的信念与原则，正所谓“做官夺人志”；而有的人不为五斗米折腰，宁愿弃官不做而坚持自己的独立意志与品格。正所谓人各有志。

然而，超出这种个人选择的问题，而换一种观察问题的视角的话，我们就不难发现还有比这更为错综复杂的现象有待于我们去发掘、思考和阐释。那就是从文化或政治文化的角度来看，事情要远远比个人选择的问题错综复杂得多。因为在上述纠葛关系和两难困境中，作为整体的儒家并没有把自己的良知和道义完全出卖给作为实际统治者的专制帝王，而是致力于用圣人之道来驯化帝王的权势，并真诚地希望儒家的各种道德信念和政治主张能够从观念的形态转变为实践的形态，从而在历史上构建出他们心目中理想的社会政治状况。尽管结果常常是事与愿违甚至是完全落空的，然而，他们的不懈努力又在历史上留下了广泛而深远的真实的现实影响。而从专制帝王一方面讲，尽管他们从来就没有真正被儒家的圣人之道完全驯服过，而总是恣意妄为地行使其专制权力，但自汉武帝“罢黜百家，独尊儒术”之后，他们的专制权力却也不得不在由儒家的道义和价值观构造的政治文化脉络和意义网络中来加以运作和行使。

当然，事情也还有另外一个方面，在上述纠葛关系和两难困境中，历史上的儒家为了适应甚至积极迎合专制帝王的政治需要，他们也总是顺应时势而不得不削足适履地改变自身的思想观念和政治操守，从“民贵君轻”变而为尊君贱民，从“从道不从君”变而为弃道而从君，从尊德性变而为尚天命等等。而从专制帝王一方面讲，他们对儒术的尊崇是否出于真诚之心又是大可怀疑的，甚至可以肯定地说，历史上的专制帝王更多的是对儒术的工具化地御用甚至是歪曲地利用来为其专制统治服务，因为他们从来就不愿放弃他们那占天下为私有的“家天下”的观念。然而，从长远的历史角度来看，儒家的圣人之道虽然时时屈服于现实的帝王之势，但它的确在中国历史上造成了最为长久的历史影响。

总之，在改造和适应现实政治、在驯化和屈服于帝王之势的同时，作为整体的儒家一方面既坚守着自己的道义和良知及其理想化的政治信念，体现了某种一贯性的特色，而另一方面他们在思想观念、政治信念和人格形态上又发生了许多的改变甚至是扭曲变形，体现出某种时代性的特点。但不管怎么说，儒家的思想观念和社会政治学说在汉武帝时取得了主体文化的统治地位之后，在其基础上逐渐发展而形成了一种儒家式的文明秩序和政治文化传统，在一般意义上我们可以称之为儒家文化或儒家文明，而在特定的政治文化的意义上，我们便可以称之为儒家政治文化或儒家政治文明。而且，在它形成之后，虽然在不同的时代有这样那样的调整和变化，但总的来说却并无实质性的根本变革。

任何文化都是由各种复杂的因素如观念、行为、制度、价值与象征等共同交织、综合而构成的混合体，各种因素在其中既充满了内在的张力，又调适而和谐地共处一体。儒家文化或儒家政治文化亦是如此，它既有其历史的文化根基与传统渊源，而由孔、孟、荀所阐发的先秦儒家之道更可说是它的活水源头，乃至后世儒家不断地吸纳和鉴取其他的思想文化资源，并根据时代的需要而自我调整，为它补充着各种不同的历史的新因素。

## 一、治乱的循环：王朝政治的历史

根据对自上古尧舜以来的中国历史的考察，孟子曾经得出一个非常重要的有关人类历史的规律性认识或结论，那就是："天下之生久矣，一治一乱。"也就是说，人类社会产生很久了，它总是在一治一乱中发展变化。孟子之后，中国的历史发展似乎就遵循着这样一种一家一姓的王朝在治乱兴亡中不断更替循环的规律，而一直难以走出来。尽管不同时代的思想家可以从不同的理论和历史的视角，对此给以不同的解释,但造成这一历史发展状况的原因，大体不出以下几个方面，如人事的变迁与治道的失误，统治者的暴虐无道与吏治的败坏，权力斗争与制度规范的失效，人民的反抗以及王朝政治的外部环境和条件的变化和历史的各种偶然因素如自然灾害的发生等等。

### 1. 大一统与华夷之辨

"话说天下大势，分久必合，合久必分。"

这是罗贯中在《三国演义》中开篇明义讲的第一句话，一句深刻洞察并精辟概括了中国王朝政治史上天下大势变化的一般趋势或规律的至理名言。仅从字面上看，它似乎只是对历史表面现象的一种描述，但却真实地描述了中国王朝政治史的治乱循环、分分合合的周期性特征。

在中国王朝政治史上，安定与动乱总是与统一与分裂如影随形地相伴而生，尽管统一所带来的未必就一定是人们心目中所向往的治安太平之世，分裂也有可能造成一时的偏安和繁荣景象，但在中国人的传统观念中，至少人们总是把统一与治平、分裂与动荡分别联系在一起，乃至发自内心地厌恶分裂而期盼统一，所以很早就形成了一种崇尚一统的政治文化心理与政治价值观念。

三国的故事之所以在中国是那么地家喻户晓、影响广泛而深入人心，虽然人们明明知道其中的许多故事仅仅是文学的虚构，但它仍然有着“国民之魂”的影响力，正是因为它通过虚构的人物故事历史地再现和折射出了某种真实的历史文化内涵，那就是人们在由统一而走向天下三分，又在天下三分而希求统一的心理动机的驱动下，所演绎出来的天下纷争中的群雄逐鹿的宏大场面以及个中人物所表现出的盖世无双的英雄气概与智慧谋略，或是义薄云天，或是奸雄无耻，或是阴险狡诈，或是深谋远虑。刘关张桃园三结义，曹孟德煮酒论英雄，美髯公千里走单骑，三顾茅庐，败走麦城，草船借箭，诸葛祈风，华容释曹，空城奇计……所有这些真真假假而极富传奇色彩的故事，都被安排在由合而分再到由分而合的历史大框架下来铺陈演绎。

诸葛孔明的旷世奇才，既体现在他为刘备计定联吴抗曹、决策三分鼎足的深谋远虑上，更体现在他心系中原之统一而为刘备父子苦心经营、鞠躬尽瘁的精神风范上。这既成就了孔明的一世英名，也留下了他终生的遗憾，因为“王业不偏安”，而孔明终究没能完成统一中原的王者大业。不过，以后来人的眼光来看，不管孔明本人的成败如何，而“鼎足三分已成梦”，天下三分的局面终究还是归于了西晋的一统。当然，王朝政治的历史并未因此而终结，从此划上一个圆满的句号，而是依旧在上演着分分合合的悲喜剧。

孔明

但不管怎样，分裂时，人们总想着要“混一六合”；偏安时，人们也总想着要平定中原。正像南宋著名诗人陆游的《示儿》诗所讲的那样：“死去元知万事空，但悲不见九州同。王师北定中原日，家祭无忘告乃翁。”若是追溯这种政治文化心态的根源的话，那么，可以说它与儒家文化有着密不可分的关联。

崇尚一统正是儒家最重要的政治文化观念。孔子作《春秋》，书中寓含着的一个最根本、最重要的思想主旨就是“大一统”。大，作动词解，是“张大”“尊尚”的意思。这一观念以周代的王权政治为典范，当时虽然实行的是宗法分封体制，但受封的各诸侯国必须尊奉周王为天下唯一的“共主”，必须奉行周王朝颁行的统一的历法和朝聘会盟的礼乐制度等，所以周天子的至尊权力拥有绝对的权威，

《诗·北山》所谓的“普天之下，莫非王土；率土之滨，莫非王臣”表达的正是这样一种政治观念，而以周天子的王权和绝对权威为中心而建构起来的一统的天下秩序也就成为了后世儒家所追求的社会政治理想。

当然，儒家“大一统”的观念并不仅仅局限在历法和地理疆域上的统一，也不仅仅局限在以王权为最高权力中心的政治与制度上的统一，它还意味着思想文化上独尊并奉行孔子之术、儒家之道的统一，乃至无论是修身、齐家、治国直至平天下，都应依据儒家的道术理念才具有正当性与合理性。

与“大一统”观念密切相关的还有华夷之辨的问题，即辨别和区分华夏与夷狄的不同，并希望在“尊王攘夷”（尊周王而攘除夷狄）的原则指导下建立一种以华夏文明为中心的天下一统的秩序，这也是孔子作《春秋》寄寓其中的一大思想主旨。因为华夏民族在历史上不仅面临着自身政治与文化方面的统一问题，而且这种统一还常常面临着周边少数民族及其国家政权的军事侵扰的问题。孔子所生活的春秋时期正处在一种四夷交侵而“中国不绝若线”的深刻的民族生存危机当中，所以孔子才要汲汲于华夷之辨，后来的儒家学者处在同样的情势下也会做同样的学术思想工作。不过，值得注意的是，尽管将周边的少数民族称之为夷狄含有一种种族和文化上的卑薄态度，但孔子儒家的华夷之辨主要还是从文化不同的意义上来对华夏和夷狄作民族上的辨别和区分的。

正如有的学者所指出的，说到底，所谓的华夷之辨主要凸显了这样一种开放性的“文化中国”的信念，即所谓的“中华”或“中国”，不仅仅是一个地理的概念，也不仅仅是一个政治的或种族的概念，而是一个文化的概念，是与野蛮相反的文明的概念，因为用以衡量华夷之别所依据的根本标准不是种族，而是作为文明程度之标志的礼义，是衣冠、服饰、饮食、语言和风俗等文化生活方面的礼义化的程度的差别。

因此，在孔子儒家看来，文化生活方式上“礼义”化的程度，既是同一民族不同历史时期之间的文明程度差异的根本标志，也是不同民族之间文明程度差异的根本标志，是华夷之别的关键。但是，华夷之间的文明分野和文化边际并不是固定不变的，而是可以改变和相互转化的，只要夷狄之邦能够遵循、奉行礼义化的文化生活方式，它们就应当被视同或接纳为诸夏之国；反之，如果诸夏之国背弃而丢失了礼义化的文化生活传统，那么，它也就退化而转变为了新的夷狄。总之，凡是能认同、接受和采纳我华夏民族礼义化的文化生活方式的，都可以被看作是华夏文明系统中的一个成员，这就叫做“用夏变夷”。

如所周知，中华民族在历史上一直享有着一种“光荣的孤立”，因为在他的周边，多是文化上相对落后的少数民族政权，不过，他们往往凭借着军事武力上的优势而能够给中原华夏民族制造极其严重的生存危机和政治困境，乃至于入主中原，建立自己的一统中国的国家政权，故而华夏民族中的有识之士常常深怀着民族生存的忧患意识而汲汲于华夷之辨，乃至主张严守华夷之大防。当这种认识走向极端时，就会产生一种华夏绝对优越于夷狄乃至“尊王攘夷”，即只知推尊华夏之王权王教而一味排斥夷狄的狭隘民族心理，尤其是在封建王朝后期造成了一种妄自尊大、闭关锁国的民族文化心理，其历史影响是极其有害的。

不过，也正是由于连周边少数民族也认同和接受的上述“文化中国”的信念，中国在文化上的优势常常会弥补其军事上的劣势，而表现出文化上的强大而深远的同化力。因此，我们在中国的王朝政治史上又总是能够发现这样一种引人注目而常见的历史现象，即在历史上以武力入主中原的少数民族政权最终反过来会为汉民族的文化所征服，所以中国又被称为“文胜之国”。当然，在少数民族政权的统治和影响下，汉民族也在衣食住行等文化生活的方方面面吸收了其他少数民族的不少精华而发生了许多的历史变化。今天我们所谓的“中华民族”，可以说正是在“文化中国”的信念下进行民族大融合的历史产物。

**2. 天下为公与天下为家**

公元前221年，当秦王嬴政吞灭六国而建立起中国历史上第一个大一统的封建王朝或专制帝国的时

秦始皇

候，他所想的就是怎么样才能确保其至尊无上的统治地位，乃至将整个帝国或天下的统治权子子孙孙地一直传下去，所以，他召集大臣们首先商议的就是为自己确定一个什么样的尊贵称号来显示他那作为帝国唯一主人的至高无上的身份和地位。

大臣们以为秦王嬴政统一了天下，真的是功盖五帝，历史上的古圣先王都是无人能比的，所以就建议他说："上古之时，最为尊贵的有天皇、地皇和泰皇的称号，大王就称'泰皇'吧。"

嬴政一听，觉得还不够过瘾，就说："把'泰'去掉，加上'帝'的称号，就称我为'皇帝'吧。"

就这样，中国有了"皇帝"。而且，嬴政自命为中国历史上的第一位皇帝，所以就称自己为"始皇帝"。他当然是希望自己能够长生不死地一直占有着这皇位，不然就把自己的皇位传给自己的子孙，而且打算着一世、二世、三世以至于万世地一直无穷地传下去。

始皇陵
(位于今西安市)

可是，事与愿违，历史偏偏是喜欢嘲弄人的，秦王朝仅仅传了二世就灭亡了。继之而兴起的是汉高祖刘邦开业奠基的汉家王朝。

年少轻狂时的刘邦，胸怀大志而不喜欢操持家务、经营产业，所以，在他的父亲看来，排行老三的刘邦不像他二哥刘仲那样老实可靠，是不能托付养老的“无赖”之子。但是，刘老丈看走了眼，不曾想自己的无赖儿子将来竟然还能当上皇帝。

刘邦

公元前202年，汉王刘邦凭着他善于纳谏用人的胸怀，凭着他机诈应变的能力，也凭着他一身的流氓无赖气，终于打败西楚霸王项羽而登上皇帝的宝座，建立了西汉王朝。在做了皇帝三年后，值未央宫落成而朝会诸侯大臣、宴饮庆祝之际，刘邦得意地对他那已被尊为“太上皇”的父亲戏言道：“想当初，父亲大人常常骂我是无赖，不如刘仲哥那样能治产业。而如今我和刘仲相比，究竟谁治的产业更多呢？”言下之意，整个天下可都属于他刘邦，是他刘邦一人的产业呀！这和秦始皇占天下为己有或为一家一姓之所有而欲传之万世、传之无穷，是同样的意思和心态，正如秦代刻石之文所说：“六合之内，皇帝之土。……人迹所至，无不臣者”，而汉代人亦有明言曰：“天下乃高皇帝天下。”

秦皇汉祖的心态，正体现和反映了在整个王朝政治史上一直占据着主导地位的“家天下”的观念，这是一种视天下为专制帝王一己或一家一姓之私有产业的观念，这一观念渊源自夏商周三代的“以天下为家（私有）”或占天下为私有的王权理念，正所谓“普天之下，莫非王土；率土之滨，莫非王臣”。

相对来讲，三王之前的五帝时代却是“以天下为官（公有）”的，按照孔子儒家的说法，那是一个“天下为公”的时代。按照汉唐时期学者的解释，所谓的“天下为公”，也就是说担任着治理天下之职的天子之位是一种公共性的职位，唯有贤能而有圣人之德的人才能居之，所以上古五帝的时代由于遵循和奉行这种政治，那时实行的是“禅让”的权位移交的政治制度。而夏商周三王的时代尊奉和实行的则是一种将王位私自传授与自己的子孙的世袭继承性的政治制度，也就是说，五帝出于“天下为公”而“禅贤”，三王则出于“天下为家”而“世继”。这是两种不同的最高权力的更替交接的政治制度。而秦汉之后实行的也正是“天下为家”而私传子孙的皇位世袭继承的政治制度。

那么，究竟应如何来看待和评价“天下为公”和“天下为家”的问题呢？

一般来说，自孔子以后，儒家就一直具有一种“祖述尧舜，宪章文武”的鲜明的文化保守色彩与思想特征。可见，虽然有“天下为公”与“天下为家”

的不同，或者是大同与小康的差别，但儒家学者对于五帝三王的时代基本上都是推崇和向往的。孔子既极力赞美尧、舜、禹的伟大，更推崇周代礼文的灿烂完备；既向往大同之世的美好，更认为他所处时代的当务之急乃是奉行周代的礼治。

到战国时代，儒家学者更加推崇尧舜之道，但在对尧舜之道的理解和认识上却存在着很大的分歧，一种看法是强调尧舜之间的禅让，即尧舜之间天子之位及其权力的转移是通过和平的禅让方式来实现的，也就是说，尧通过各种方式考验并发现舜是一个值得信赖的贤能而有德的人，所以，就在自己年老体衰而不能再做天子时，最后决定把自己的天子之位主动让给了舜，让舜做了天子；同样，舜最后也是把天子之位主动让给了治水有功的大禹。这种主动让贤的方式就是所谓的“尧舜禅让”，而让贤的行为也就意味着承认天子的权位具有公共的品格，是唯贤德之人才有资格居有之的。

正因为“禅让”是一种权力转移的和平的方式，所以受到一些儒家学者的推崇和赞赏，而两汉之际的王莽也正是打着“禅让”的旗号夺取了汉家的天下而建立了一个短暂的“新”朝，后世许多朝代的具有政治野心的

禅让图（汉画像石）

人常常都是像王莽一样，如法炮制，以“禅让”做幌子而夺取别人家的政权的，而实则背后靠的是武力的威逼。在“家天下”的时代，“禅让”之法显然只能是落到虚假文饰的地步。不过，既然有人愿意打着“禅让”的幌子以实现自己“家天下”的政治目的，说明以权位的公共性为理由的“禅让”的旗号还是具有一定的蛊惑人心而让人信服的作用的。

不过，战国之世的大儒孟子并不认同上面的说法，他认为天子是不能拿天下私自授与他人的，天子的权力来自上天的授与，所以在尧舜之间的权位转移的过程中，尧所起的作用只是向上天举荐舜，而并不是直接将权位授与舜。不管怎么，虽然孟子言必称尧舜，但他不愿意更多地渲染尧舜“禅让”的事迹，而是对尧舜之道更乐于抱持另外一种看法，那就是，在他看来，尧舜之道，不过就是孝与悌而已。也就是说，孟子认为，统治者应效法尧舜，而将其权力的行使建立在自身奉行孝悌仁义等美德善行的基础之上。而且，孟子更愿意称述三王时代的汤武“革命”的故事。

在孟子看来，像桀纣那样的贼害仁义的暴君其实是不配被称作君主的，他们只配被叫做“一夫”，所以当齐宣王问孟子历史上是否发生过汤武以臣弑君的历史事件时，孟子回答他说：“我只听说过周武王诛杀了一个叫纣的‘一夫’，却从未听说过发生过以臣弑君这回事。”所谓的“一夫”，也就是独夫民贼的意思。

孟子肯定汤武的“革命”，自有其深刻的政治合理性，因为这一肯定意味着承认人们有反抗暴君虐政的正当权利，尽管这一权利主要是通过圣王的“革命”来实现的。但另一方面，它也透露出了“家天下”时代或王朝政治史上的最大政治问题，就是面对暴君虐政，人们只能忍无可忍而群起反抗或“革命”，而在平时却再无其他的办法来制约君主的暴行苛政，而在人民群起反抗暴君虐政的“革命”斗争中，乃至群雄并起，成者为王败者寇，最终的获胜者都是靠武力打下天下而做上皇帝宝座的，秦始皇帝嬴政、汉家高祖刘邦、唐宗李世民、宋祖赵匡胤、元祖铁木真、明祖朱元璋以至清朝满族政权的入主中原，概莫能外。“革命”当然自有其合理性，然而，中国的王朝政治史却也因此而陷入一治一乱的循环动荡之中而逃不出“其兴也勃焉，其亡也忽焉”的历史宿命。

因此，尽管历史上的一些儒家学者始终坚信“天下为天下人的天下”这一“天下为公”的政治文化信念，意图矫正和弱化专制君主占天下为己有的权力意志以便使之摆脱治乱兴亡的历史循环命运，但如何建立一种能够将“天下为公”的政治理念真正落在实处的制度架构，从而真正走出王朝政治史上周期性的治乱兴亡循环不已的历史宿命，这可以说是历史上的儒家政治文化未能从根本上加以解决而遗留给我们的一道历史难题，是我们未来致力于制度文明建设所应努力加以解决的主要政治问题。

### 3. 三代之治与秦汉之政

秦于吞并六国而统一天下之后，废除殷周时期的宗法分封制度，而在帝国的疆域内全面推行郡县制，分天下为三十六郡。

秦始皇帝三十四年（前213年），始皇在咸阳宫中大摆酒席寿宴，席间，博士七十人上前为始皇祝寿。

其中，有一位仆射官名叫周青臣的，乘着酒兴而为始皇歌功颂德说：“原先秦国的土地不过方圆千里，全赖陛下的神灵明圣，平定了四海之内，将蛮夷之民驱逐到边远之地，日月之光所能照到的地方，无不宾服称臣。现在不再分封诸侯，而是实行郡县制，天下人人都生活安乐，再没有了诸侯之间战争的祸患，可将天下传之千秋万世。从上古以来，没有人能赶得上陛下的神威恩德啊！”

始皇闻听此言，龙颜大悦。

这时，有一位博士、齐人淳于越起身说道：“据臣下所闻，殷周王朝各自统治天下长达一千多年，殷周之王将子弟和功臣分封到各地建立诸侯国，作为屏卫王室的枝叶藩属。而现如今，陛下一统海内，富有天下，而自己的子弟却仅为匹夫，虽然有公卿百官之臣，却没有子弟诸侯的辅卫，皇家一旦有事，又如何相救助呢？国事不师法古代而能够传延长久的，臣下从来没有听说过。如今青臣又当面阿谀奉承以加重陛下不行分封的过失，这不是忠臣所为。”

既然淳于越提出应师法殷周以行分封之制，于是，始皇就让朝臣们就此事进行讨论，提供决策意见。朝臣们议论纷纷，最后，丞相李斯力排众议，而建议道："五帝三王的时代，各有各的治国之道，各时代之间从来都是不相重复和沿袭的，后来的时代之所以采用不同的治国之道，并非是为了要与前面时代刻意相反，而是因为时代发生了变化的缘故。现如今陛下开创一统大业，建立了万世之功，这本来就不是愚儒们所能了解的。而且，淳于越所讲的不过是三代的事情，何足以为当今时代所效法呢？统一前的六国时代，诸侯并争，各国都礼贤下士，以优厚的待遇吸引、招徕游学之士。可是，如今已是天下平定，法令统一，老百姓居家应该尽力务农，而士人则应该学习法令以知避就。但现在，儒生士人却不师法当今之世，反而要学习古代，而且厚古薄今，非议当今之世的做法，蛊惑人心。所以丞相官、臣下李斯昧死建言：如今皇帝统一而并有天下，应分别黑白而确定奉行法家的以法为教、以吏为师的独一至尊之术，禁止儒生士人的私人讲学风气，因为这些儒生士人喜欢以自己的私家学说非议和毁谤皇帝的法令，这只会损害皇帝的权威。臣李斯恳请陛下下令烧掉史官所掌管的六国史书；凡不是博士官的职守所掌管的，如儒家的《诗》《书》典籍和诸子百家的著作，一律下令地方官全部烧掉；有胆敢偶然语及《诗》《书》的，一律弃市杀头；以古非今者，全族的人都杀掉；官吏看见和知道而不举报的，与犯者同罪；命令已下达了三十天，仍然不烧掉的，罚以黥刑，并发配到边关去修筑长城。只留下那些医药、卜筮、种树之书，不必烧毁。”

始皇采纳了李斯的建议，于是便发生了中国历史上著名的“焚书”事件。

“焚书”事件，不仅是给了儒家及其学术文教事业一个沉重的政治打击，而且更意味着始皇和李斯君臣决意要与古代的政治文化传统实行彻底的决裂，而建立一种绝对君主专制统治的政治格局和制度架构，这一政治格局和制度架构一直在大一统“帝制中国”时代延续到清王朝为止。

上述“焚书”事件和次年发生的“坑儒”事件以及秦始皇父子君臣实行的其他暴政，不仅留给后世儒家一个深刻的心灵伤痛，更促使和激励他们为了论证儒家学说的合理性和真理性，而去进行深入的历史反思，通过系统比较三代之治和秦汉之政来提出他们的政治文化主张。

在儒家学者看来，尽管夏商周三代与秦汉以后的各朝代同属于“天下为家”的时代，然而，三代之治与秦汉之政之间却存在着一系列治道和政制方面的实质性的差别，这其中，短暂的秦王朝可以说在古今之间划了一道深深的政治文化的鸿沟。

大体而言，秦汉之后儒家学者有关三代之治与秦汉之政（或汉唐政治）的辨析与论述，主要涉及以下两个方面的问题：

第一，关于周秦治道的不同或三代之治与汉唐政治的性质差别的辨析和论争。

暴秦速亡的历史教训留给汉代儒家学者的感受

是最为深刻而强烈的，所以为了劝导和促使仍然继承着秦政的许多政治遗产的汉家统治者转变其统治天下的治国方略，他们常常“借秦为谕”以“言治乱之道”，即一方面痛切地反思导致秦朝短命而亡的原因，以便向汉家统治者提出警告，如贾谊就因此而写了一篇脍炙人口、传诵至今的“千古鸿文”《过秦论》；而另一方面，则建议汉家统治者能够以殷周为借鉴，特别是应遵循、师法周代的治道来治理天下。

那么，在周秦之间，何以要过秦而褒周呢？

关键在于，周代的治道是以礼为教、以德化民，正所谓“殷周之盛，《诗》《书》所述，要在安民，富而教之”。而秦朝统治者奉行法家的以法为教、以刑治民的治道理念，由重严刑酷法而致使民生凋敝，乃至激起民怨民变而导致了自身王朝的倾覆灭亡。周道的礼治德教可以说是儒家王道的治国之方，而秦朝的刑治法教则体现了法家霸道的治国之方。

在汉代儒家学者看来，天下的治乱取决于为人主者在治道上的取舍，而周代的德教礼治足可以使民气乐而和亲，秦朝的任刑重法却导致了民情怨而背叛。然而，汉承秦制，汉家在治道上也仍然奉行以刑治民的基本国策，所以汉代儒家学者才要极力地推动汉家统治者改秦俗而行周道，变重刑法而为尊德教，或者是以德为主、以刑为辅。在他们的努力下，汉家制度由杂用王霸之道逐渐转向偏重于“褒显儒术”，当然，总的来讲，两汉之世始终未完全放弃“参杂霸轨”的治国之策。

继汉儒之后，宋代的儒家学者继续讨论三代之治与汉唐政治的问题。

汉代儒家学者的过秦之论似乎已把暴秦牢牢地、永久地钉在历史的耻辱柱上，然而，它却阴魂不散，其历史影响也似乎从未被儒家思想批判的锐利武器彻底地割断过，问题就在于“帝制中国”时代自汉以后历朝历代的统治者都不愿意舍弃秦朝建立的政制而治，不仅如此，他们还不断地调整、改良和完善它，使它越来越利于维护君主的绝对专制统治。

当然，在这一历史过程中，曾经出现过汉唐的盛世，如汉武帝统治时期的文治武功和唐太宗统治时期的“贞观之治”，那么，汉唐盛世的出现是否说明了儒家王道理想的实现呢？根据一般人的世俗之见，答案可能是肯定的，然而，在宋代儒家学者看来，事情远没有表面看上去那样乐观和可信。他们根据孟子的王霸义利之辨的论题而将汉唐政治与三代之治加以比较，得出的一个重要结论就是，与三代的王道政治相比，汉唐政治仍然存在着心术不正而后果严重的瑕疵和缺陷，其根本特征仍然不过是奉行“以智力把持天下”的霸道之术。而且，他们深切希望赵宋王朝的统治者能够“度越汉、唐，追复三代”。宋代的程朱理学家们大多持这样一种看法。当然，也有另外一些崇尚功利的儒家学者如南宋的陈亮等人不赞同程朱理学家的看法，而是对汉唐的霸业给予了充分地肯定和赞赏，以激励偏安一隅的南宋之君能够追迹汉唐的文治武功，攘除夷

### 井田

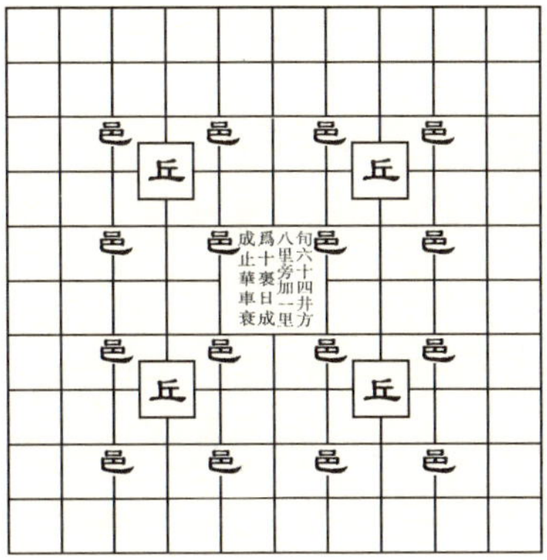


狄、澄清寰宇、收复中原而成就一番王霸之业。

第二，关于恢复实行三代井田与封建之制的论辩。

这一论辩可以说贯穿着整个王朝政治史的始终，而且这是两个最富有争议性的政治问题。

井田制在春秋战国之世遭到破坏乃至彻底被废弃，商鞅在秦国变法的一个重要内容就是开阡陌而废井田，并准许土地可以买卖。这引发和造成了秦汉之后的一个严重的社会问题，就是土地兼并的严重，正所谓“富者田连阡陌，贫者无立锥之地”。为此，许多儒家学者便主张重新恢复实行井田的土地制度。

如战国时的孟子就主张实行仁政，而恢复井田制就是其内容之一。根据孟子的描述，井田制的大致情形是这样的：每一个方里的土地为一个井田，每一井田有九百亩土地，当中的一百亩为公有田，其他的八百亩分给八家作私有田。这八家共同来耕种公有田，先耕种完公有田，再各自分别去耕种自家的私有田。这样，同一井田的各家，平日出入，互相友爱和帮助，共同防御盗贼，彼此体恤照顾，人们就能和睦地生活在一起。

儒家文化大众读本

汉代的儒家学者如董仲舒等针对当时土地兼并严重的现实，主张应仿行井田之制，而对权贵豪富占有土地的数量加以限制。后来，王莽改制，曾经下令恢复实行井田制，也是为了解决土地兼并严重的问题，但以失败而告终。

汉以后亦不断有学者重提这一问题，尤其是宋、明、清时期，儒家学者极力主张恢复仿行井田之制者有之，而坚决反对者亦有之。其中最有代表性的，如北宋学者苏洵曾对井田之制必定不可恢复实行的问题详加论述，而明儒胡翰和方孝孺则极力主张井田之制必定可以恢复实行。也有人采取综合的态度而主张师法古人之意而仿行井田之制。

不管学者们的主张如何，历史地讲，井田之制终究还是不能完全恢复实行的。不过，井田制的理想寓含着一定的合理因素，如使耕者有其田而安土乐业，限制土地的兼并以实现公正均平的社会目标，所以恢复实行井田制的主张也绝非空穴来风而无的放矢。

除了井田之外，与之密切相关的另外一个制度上的重要问题就是，能否恢复实行“封建”（即“封邦建国”的分封制）的政治制度，历代儒家学者有关这一问题的主张及相关的争议与井田的问题基本类似，因为井田制正是分封制形成的社会经济基础。

殷周时期实行分封子弟功臣的“封建”制度，本意是维护一统王权的权威与统治，但地方诸侯分封势力的坐大又会形成分裂割据之势而危及一统王权的权威与统治。随着王权的式微与礼乐文明制度的崩坏，周代的整个宗法分封体制在春秋战国时期遂日趋于解体和瓦解，在分封制瓦解的废墟上建立起来的新型官僚行政体制便是郡县制。

秦完成统一大业之后全面推行郡县制，而且，博士淳于越关于实行分封的建议遭到否决，并引发了“焚书”事件。而汉高祖刘邦在楚汉战争期间和建立汉王朝之后，在前承秦制而实行郡县制的同时，还大封功臣和子弟，所以汉初实行的是一种郡国并行的体制。后来，汉家统治者逐渐削弱和剥夺地方诸侯王的势力和权力，才最终稳固了郡县官僚制基础上的大一统的皇权专制统治。后世的地方建制和名称虽然不断有所变更，但基本上沿袭了这样一种体制。而历代王朝的皇亲国戚们虽然也被封王封侯，但在性质上已完全不同于“封建”制下的诸侯王公，因为他们完全丧失了对于地方的治理权。

先秦儒家的宗师孔、孟、荀是以恢复三代一统王权下的“封建”之制作为政治理想追求的，而汉代的儒家学者在政治态度上却发生了根本的转变，他们站在维护大一统的专制皇权的政治立场上主张打击和消灭诸侯王的势力，像贾谊提出的“众建诸侯而少其力”的策略，其用心便在于此。

唐朝初年，唐太宗考虑到怎样使“子孙长久，社稷永固”的问题，旧话重提，下诏让群臣朝议分封的问题，于是又引发了一场有关分封制的激烈争论。

元代学者马端临在《文献通考·封建考》中曾

经对自秦以来有关封建与郡县之争的问题作过总结性论述，大体而言，主要有两派意见，一派认为封建优于郡县，尧舜和三代出于“公天下”之心以分封诸侯，所以能够享祚长久，而秦出于“私天下”之心而变封建为郡县，所以才传代短促。而另一派则认为，秦所行郡县才是“公天下”之制，如唐代著名学者柳宗元即为此派的代表，他在其名文《封建论》中力辨封建之失而肯定秦制之公，所以说“公天下之端自秦始”。

总之，两派从公与私的角度来分辨三代封建与秦制郡县的得失利弊，前一派的观点大体上强调这样一种看法，即分封诸侯说明尧舜和三代的圣王并不把天下据为一己所私有，所以体现了“公天下”的精神原则，而秦变封建而为郡县，其意在使“尺土一民，皆自上制之”，故而体现的是“私天下”的精神原则。而后一派虽然也承认秦朝政情的弊端也在于“私”这一点，即柳宗元《封建论》所谓“私其一己之威也，私其尽臣畜于我也”，然而，他们更强调秦实行郡县制之后，在郡县官僚的选任上为任贤使能的选举制铺平了道路，因此，相对于分封制的世袭体制来讲，秦制才更体现了“公天下”的精神原则。

两派学者公说公有理，婆说婆有理，究竟谁是谁非呢？后人又当何所适从呢？

马端临说：“无论是封建，还是郡县，其实都是一种‘分土治人’的政治体制，很难说哪个公哪个私。然而，必须真的有公天下之心，然后才能实行封建之制，否则的话，还不如实行郡县之制。无公天下之心，而欲行封建，只会是授人以变乱的工具。所以，封建之制难以恢复实行已经很久了啊！”

而明末清初的大儒王夫之更直言不讳地说：“两端争胜，而徒为无益之论者，辨封建者是也。”在他看来，郡县之制已实行了两千年之久，而无人能改变它，真的是“势之所趋”而理有固然。

综上所述，在周代的德教礼治与秦朝的法教刑治之间，在三代的王道与汉唐的霸道之间，在上古三代的井田封建与秦汉后世的阡陌郡县之间，乃至在上古三代的圣君公心与秦汉后世的暴君私欲之间，究竟应何去何从，作何选择，这同样是摆在世人特别是儒生士人与现实君王们面前的一道难题。战国秦汉间的社会政治变革使人们深切地意识到了古今的不同，甚至是截然相反，顺应战国秦汉以来的时变乃是人们理有固然、势所必至的自然选择，然而，时变的结果也未必都合乎情理而令人满意，甚至是恶果丛生，因此，身处秦汉以后绝对君主专制的“帝制中国”的时代，而想望和推隆上古三代的德教、礼治、王道、古制及那时的仁圣之君为天下万民而忧劳的公心和宽大开明之气象，也许会给人一种不合时宜的迂阔复古之感，然而，这种想望和推隆又是具有强烈的现实针对性的，它凸显出了秦汉之后的法教刑治的虐民残酷、时政霸道的功利卑俗和专制暴君的贪婪私欲。当然，事情不可能通过简单地复古而得到解决，但既要顺应秦汉以来的时变而又要尊崇向往三代之治的儒术，这其间自然充满了一种内在的张力，而正是在由古与今、理想与现实之间的张力构造而成的精神氛围中，儒生士人的政治思考及其政治论说和王朝政治的政治实践及其政治事功，在治乱循环的历史进程中持续不断地进行和拓展着其意义的境域。这一历史现象或人文景观也正体现了历史上儒家政治文化的根本特征。

## 二、理想与现实之间：儒家化的政治角色期望

战国秦汉以来，王朝政治的基本政治格局可以说是一种“官僚君主制”。王朝的最高统治者就是皇帝，皇帝是绝对专制的君主，他是天下的唯一主人，他拥有至高无上的专断性的政治权力。然而，仅仅靠皇帝一人是不可能治理好整个帝国，并稳固地维持某一王朝的政治统治的，所以他还必须设官分职，建立一套百官体系，让官僚们代理他去行使治理大一统帝国的行政权力。

那么，究竟什么样的皇帝才是一位好皇帝？什么样的官员才是一位好官员？一个儒生士人又究竟应如何事君为臣、从政为官呢？

在中国王朝政治的历史上和儒家政治文化的氛围中，出现过许多有关帝范、臣规、官箴、政德的总结与论述，诸如唐太宗的《帝范》和武则天的《臣轨》，宋人吕本中的《官箴》和真德秀的《西山政训》，元人张养浩的《风宪忠告》，明人薛瑄的《从政录》和

吕坤的《吏品》，清康熙帝的《庭训格言》和汪辉祖的《佐治药言》与《学治续说》等等，从这些有关帝范、臣规、官箴、政德的训诫与论述中，我们可以体认和领悟到历代的那些追求善治而想在政治上有所作为的王朝统治者和胸怀政治抱负而希望澄清吏治的学者官员们是如何教人为君为臣、从政为官的，其中体现了他们心目中的那种极富儒家化特色的理想化的政治角色期望。

### 1. 圣君贤相

一朝天子一朝臣，一个朝代便是由一朝的君臣上演的一出舞台剧，其中有悲有喜，有成有败，有得有失，有兴有亡，这是儒教中国时代的一种影响中国人的历史认知最为深刻而久远的王朝政治史观。

自秦汉以来，在君主专制的时代，也就是王朝政治的历史上，无数的君臣众生相在轮番上演着一出出治乱兴亡的悲喜剧。作为君主，他们有的仁圣贤明，有的纵欲败德；有的雄才大略，有的志大才疏；有的刚愎自用，有的优柔寡断；有的英明神武，有的昏聩无能；有的以民为心，有的虐用其民。作为臣下，他们有的诚实能干，有的巧言令色；有的贤能清廉，有的平庸贪婪；有的爱才举能，有的妒贤嫉能；有的尽心尽职，有的玩忽职守；有的忠君爱民，有的欺上虐下。而他们之间不同的组合及其各自不同的个人喜好、性情、欲望、信仰、意志、品格、学识、才能和作为等等，也就造成了王朝历史不同的政治生态与政治面貌，决定和影响着中国历史的走向和运势，因为他们是政治上处于支配和统治地位的有权阶级。

三国之时，蜀相诸葛亮可谓是治国的能臣贤相，然而，蜀君后主却是扶不起来的阿斗。

西晋王朝，天下荒乱、百姓饿死之际，深居皇宫、养尊处优，却无知如蠢猪的晋惠帝竟说："何不食肉糜？"

南朝陈后主、北宋赵徽宗，虽工诗文、善书画，却也难逃亡国之君的命运。

明朝中后期出了一位神宗万历皇帝，即位之初的十多年里，因为有老师和能臣张居正的管教与辅佐，所以还想有一番作为。可是，张居正一死，失去管教和依靠的万历皇帝开始走向堕落，不仅贪恋金钱财宝，"欲黄金高于北斗"而"以金钱珠玉为命脉"，而且深居皇宫，整日纵情沉溺于酒色之中。万历在位48年，竟然有27年没上过朝。所以，有人说，明朝的灭亡，不是亡于李自成，而是亡于明万历皇帝的身上啊！

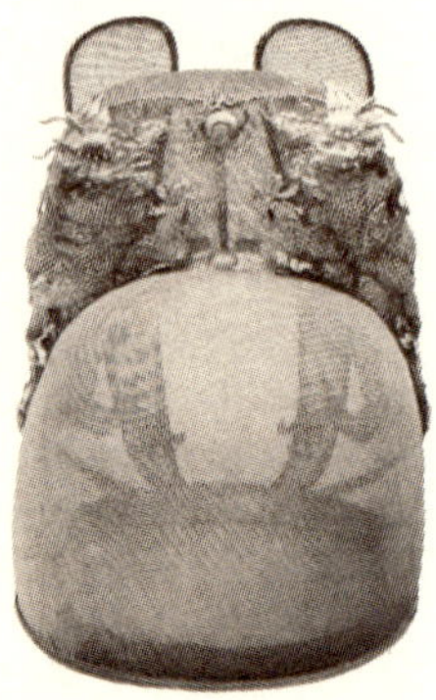

明代万历金丝皇冠

而在明朝末年，又出了这样一位熹宗天启皇帝，他刚刚即位之初，真可谓"群贤满朝，天下欣欣望治"，可是这位天启皇帝年幼无知，不辨忠奸，偏偏喜欢上了一位出身市井无赖、无德无能而生性奸诈的姓魏的宫奴太监，还御赐这位宫奴太监名叫"忠贤"；更不幸的是，天启皇帝还生性机巧，偏偏就是喜欢在皇宫中用斧锯绳墨等工具亲自下手做木工漆器之类的活计，而且是做得不亦乐乎，连年不知疲倦；每当天启皇帝专心致志地做木工的时候，太监魏忠贤都不失时机地凑上来向他奏事，天启皇帝便不耐烦地说："我知道了，你们看着办吧。"就这样，太监魏忠贤得以窃柄弄权，口含天宪，假传圣旨，气焰嚣张，恣意妄为，祸害忠良，几乎将一朝的贤臣善类残害殆尽。

康熙

当然，除了上面这些昏君亡国之主外，历史上也还出现过一些能干的暴君和开明的圣主，或者像明朝的开国之君洪武皇帝朱元璋那样，集"圣贤、豪杰、盗贼之性"于一身。而明亡清兴之后，由于出现了几位开明而贤能的君主，清王朝很快便走向了强盛，如被称为"千古一帝"的康熙皇帝，虽不是开国之君，但他却是中国历史上最为好学、非常注意克己修身、富有个性和魅力、并具有伟才韬略的一位开明君主，在他治下的中国可以说是"统一、富裕、强大"的；他的儿子雍正皇帝也是一位非常勤政能干的君主，他的孙子乾隆皇帝继位之初，也是励精图治，使清王朝达到了强盛的顶峰。正是在康熙、雍正和乾隆三位皇帝的治下，经过一百多年的休养生息和安定发展，造就了清朝繁荣昌盛的全盛时代，史称"康乾盛世"。不过，乾隆晚年乃是清朝由盛而衰的转折点，因为乾隆皇帝宠信年轻的满人侍卫和珅，而由于和珅的贪婪成性和斑斑劣迹，导致和加剧了整个官场的腐败以及朝野上下的道德败坏和各种时弊危机的日益严重。

由上可见，王朝政治的治乱兴亡的历史轨迹正好应验或印证了孟子“一治一乱”的历史预言，仁君圣王出世，天下就能得到治理；昏君暴主统治，天下就会走向混乱。或者说，圣君贤相出世，便会将王朝治理得井然有序乃至繁荣昌盛；反之，昏君乱相当政，则会使整个国家陷入混乱倾覆的危亡当中。正因为如此，所以才形成了一种普遍而广泛的理想化的政治文化心理，即人们总是期待或盼望着有一位好皇帝出现。好皇帝之所以是好皇帝，或者圣君之所以是圣君，其中一个重要的特点就是他能够关切民生、任贤使能而治，所以，一位好皇帝的出现也就意味着圣君贤相格局的出现。

然而，由于专制帝王手中握有雷霆万钧之势的生杀予夺之权，还有他那一般人性中所固有的七情六欲，甚至是一时心血来潮的怪念头，都有可能腐蚀和败坏他的心性、意志和情感，从而将王朝政治事业的一切毁于一旦。因此，人们心目中所期望的圣君贤相格局的出现总是难得一见而千载一遇的。

唐太宗君臣大概算得上是符合一般人们心目中所期望的标准的圣君贤相了。唐太宗为大唐王朝的开基建业立下了赫赫战功，而在继文守成之际又勤勉谨慎，可以说是一位既立下了开国创业的丰功伟

唐太宗

勋而又守业治绩成效卓著的开明君主，故而能够威震华夏，声名远播域外，乃至尊号“天可汗”，亦无愧于自汉以来所未曾有过的“千古一帝”。唐太宗的成功之处就在于，一是能够勤政爱民，深明为君之职；二是能够选贤举能，知人善任；三是能够慎行赏罚，公正严明；四是能够以史为鉴，居安思危；五是能够闻过即改，从谏如流；六是能够自省修身，戒骄戒奢。

太宗贞观年间，满朝文武，人才济济，著名武将有李靖、李勣、秦叔宝、程知节、尉迟敬德；忠谏之臣有魏征、王珪、刘洎、岑文本、马周、褚遂良；文学之士有虞世南、李百药、颜师古、孔颖达；皇戚能臣有高士廉、长孙无忌。尤其是辅佐太宗治理天下的还有两位总领朝政的名臣良相房玄龄和杜如晦，玄龄运筹帷幄，善建嘉谋；如晦处事果敢，长于决断，号称“房谋杜断”。二人感太宗知遇之恩，以命世王佐之才而同心戮力，率领贤臣能吏各尽其能，共同辅助太宗实现天下太平之治，从而成就了“贞观之治”的盛世美名。

太宗与房杜君臣，相遇相知，如鱼得水；贞观之治，君臣相资以成，而千载一遇。他们可说是实现了人们对圣君贤相的美好期待和向往天下太平的美好愿望。

然而，王朝政治史的悲剧也正在于此，如果国家的治理缺乏稳固的制度保障而完全寄托在圣君贤相这些千载而一出的个别人的身上的话，尽管人们期待的圣君贤相和天下太平的盛世有时会偶然昙花一现，但历史毕竟总难免逃脱因人而异乃至重新陷入治乱循环的困局当中，正所谓“人存政举，人亡政息”。

不过，即使是太宗这位被时人称作是“上圣”的开明之君，他也并非是绝对完美的圣王，正如史家所指出的，他的好大喜功和晚年用兵远征高丽，也正是“中材庸主”之君所常常做的一些蠢事。由此我们也许可以理智清醒地得出一个结论，那就是：没有人能够成为完美之人，任何人都不可能成为“备道全美”的圣王。仅仅靠千载而一出的个别的圣君贤臣来实现人们对太平盛世的美好向往肯定是靠不住的，或者总是要落空的。

尽管圣君贤相的期待体现和表达了人们的一种最朴素不过的思想观念和最善良而美好的意愿，因为我们总不至于要求人们期望自己生活在暴君污吏或昏君乱相的统治之下吧，但是，如果人们不另寻出路的话，就会陷入这样一种政治文化的生存困境而难以自拔。正因为人们不愿意放弃对圣君贤相的期待，反而常常受到“王圣”们的愚弄，虽然生活在暴君污吏或昏君乱相的统治之下，但人们又不得不把他们视同神明而对他们歌功颂德。

就像汉唐以后各朝代的人们特别是一般的儒家学者那样，他们虽然意识到了汉唐盛世时的明君圣主，无论是雄才大略的汉武帝，还是开明而有作为的唐太宗，在个人修身和政治作为上都还仍然存在着诸多的缺陷和不足，但他们始终不愿意放弃对圣君贤相的期待与渴望，他们总希望当世的君王能够“度越汉、唐，追复三代”，所以就常常真诚地冒死而向当世的君王进谏，劝导他们能够像历史上的圣君尧舜那样“修德以安百姓”，劝谏他们能够“畏天、爱民、修身、讲学、任贤、纳谏、薄敛、省刑、去奢、无逸”，其政治效果却只能是因人而异，而真正能够符合尧舜那样的圣君标准的当然是极为稀少的。

但是，翻开唐、宋、明、清时期的正史书籍，读读其中为各朝各代的皇帝们树碑立传的本纪篇，我们不难发现一个奇怪而在当时又再正常不过的政治文化现象，那就是几乎每个皇帝的称谓和名字前面都会被冠上一串长长的“尊号”。不管这个皇帝的实际表现究竟有多么糟糕和不堪，为了表示对皇帝的神圣崇拜，每个朝代的人们都会给当世皇帝恭敬地奉上一个“尊号”，随后也会常常不断地增补和丰富这一“尊号”。所谓的“上尊号”，说白了，也就是给当世的皇帝进行神圣化的加冕。因此，皇帝们的“尊号”都是由许多美好的词汇组合而成的，比如启运、立极、体天、法道、绍天、法古、大圣、至神、运德、建功、继天、凝道、诚明、仁敬、英武、睿哲、至明、大孝等等，譬如明熹宗天启皇帝也竟然拥有这样的尊号：“达天阐道敦孝笃友章文襄武靖穆庄勤悊皇帝”。皇帝们集一切美名尊号于一身，可谓是儒教中国历史上的一大称谓奇观，反之，如唐代大文豪韩愈所说的“天子圣明，臣罪当诛”，也就成为了一种普遍而自觉的自我贬抑的臣民意识。

总之，将实行仁政太平之治的美好愿望寄托在圣君贤相的身上，诚所谓“致君尧舜上，再使风俗淳”，可以说是儒家政治文化中的一个普遍为人所接受和认同的重要的政治价值观念，它反映和体现了在历史上产生过广泛而深远影响的人们的一种政治角色期望和政治文化心理。

**2. 清官循吏**

西汉哀帝时期，国势衰微，已发展到了穷途末路的地步。面对国用空虚，人民流亡，城郭荒废，盗贼四起，官吏贪残等日趋严重的社会政治状况，谏大夫鲍宣发出了“民有七亡七死”的警告。

他说：“导致人民流亡的有七个方面的原因：一是，阴阳二气失调，以致发生水旱等自然灾害；二是，官府加重人民的赋税负担；三是，贪吏损公肥私，没完没了地收受贿赂；四是，豪强大族没完没了地剥削和蚕食小民；五是，苛吏滥征徭役，使人民错失种植农桑的时节；六是，乡部村落常常击鼓捕盗，不论男女皆要列队追捕，令百姓不胜其扰；七是，盗贼抢劫掠夺人民财物。”

不仅如此，据鲍宣所言，当时的人民还面临着更加严重而足以陷民于死地的七种情况：一是酷吏的任意残杀；二是刑罪治狱过于严酷；三是故意冤枉诬陷无辜百姓；四是盗贼四起，劫掠祸害百姓；五是相互之间怨恨仇杀；六是凶年饥荒导致人民饿死；七是时令节气失调，导致瘟疫疾病爆发流行。

最后，鲍宣分析其根本原因并责问道："人民面临着七亡七死的灾难祸患，而希望国家治安太平，这是很难做到的。这种状况难道不是自上而下的公卿、守、相这些身负治国理民之责的官员们贪婪残暴的行为所导致的吗？现在的群臣百官侥幸获得高官厚禄，岂肯将自己的恻隐之心施及小老百姓，而辅助君主教化百姓、治安国家呢？他们只是志在营求私家的利益，一心想着怎么样奸伪获利而已。"

显然，鲍宣敏锐地揭破了君主专制时代的一个要害问题，就是吏治的好坏直接关系着天下国家的治乱兴亡，贪官污吏乃是祸害人民的罪魁祸首！

鲍宣的上述指责虽然已不能从根本上扭转西汉王朝最终走向衰败乱亡的趋势，但却体现了一个官员关切民生、力图澄清吏治而恢复和维护政治清明的责任心。像鲍宣这样受到儒家教育而富有良知并关心吏治与民生而敢于直言谏诤的官员和知识分子，在王朝政治的历史上可以说也是代不乏人的，正是由于他们的付出和努力，才会维持甚至造就过一时的社会治安、国家繁荣昌盛的治世景象。

战国秦汉之后，世袭制的"世卿世官"制度的废除，以德行、才能和政绩为任用标准的官僚铨选或选举制度的实行，使许多先秦思想家们（包括儒家学者在内）所倡导的“任贤使能”成为了官僚政治的基本口号和根本原则，而这一口号和原则贯彻和实施得如何，即吏治的好坏，是腐化败坏，还是廉洁清明，从此也就成了衡量国家和社会治乱的政治晴雨表。而诸如克己奉公、公而忘私，清正廉洁、公正廉明，恪尽职守、忠君爱民等等，也就成为了从政为官的重要的政治价值追求和理想期望。正如宋儒真德秀在《西山政训》中所言，为官“四事”，一是“律己以廉”，二是“抚民以仁”，三是“存心以公”，四是“莅事以勤”。

明朝的海瑞可说是大明王朝的一个象征或符号、中国历史上清官忠臣的典范。海瑞生于明武宗正德九年（1514年），死于明神宗万历十五年（1587年）。海瑞是一个做事认真的人，究竟认真到什么程度呢？他曾说：自己做事，“不求合俗，事必认真。九分之真，一分放过，不谓之真”。不仅做事认真，而且，一生从政做官20多年，清正廉洁，虽然生前官至二品，任南京督察院右都御史，但死时却仅留下白银20两，连自己身后殓葬的资费

海瑞

都不够用。海瑞的清廉正派之所以可贵，就在于他生活在大明王朝由胜而衰的转折性的中后期，皇帝的无能和不作为、宦官的专权以及官僚的贪污腐化等日益严重，当时的整个政治生活愈来愈趋于黑暗腐败乃至陷于停滞状况，正是因为生活在这样的政治生态下，海瑞一生梗直地坚守着从政为官的价值底线和清正廉洁的理想追求，所以他那清廉正派和忠诚谏诤的人格与官品才显得尤其可贵。

那么，为官何必要廉洁呢？

宋代大儒周敦颐曾说："官清赢得梦魂安！"

而为官又为何或怎样才能做到廉洁呢？

明代学者薛瑄在《从政录》中曾区分过三等人的廉洁，他说：第一等廉洁的人，是那些明达事理而不想妄加索取的人；第二等廉洁的人，是那些崇尚名节而不愿苟且索取的人；第三等廉洁的人，是那些畏惧法律的惩罚并希望保住自己现在的禄位而不敢索取的人。第一等人认为为官理当清廉，不应该索取他人的贿赂，所以，他根本就不想贪污腐败的事；第二等人因为爱惜自己的名节，所以也不愿轻易的就做贪污腐败的事或蝇营狗苟地索取他人的贿赂；第三等人仅仅是因为害怕受到法律的惩罚或者只是为了保住自己的职位饭碗，而不敢做贪污腐败的事。这真是深刻、透辟之见！相比这三种人，关于那些贪赃枉法的人，薛瑄虽然没有讲，但这却是不难想象的，贪赃枉法之人之所以贪赃枉法，那是因为他们既不明事理，又不顾名节，甚至更胆大妄为，乃至犯刑毁廉而不顾死活。

当然，所谓的清廉，也绝不意味着为官什么事都不做，仅仅是廉洁就足够了，用现代人的话讲，那叫“不作为”。有一个寓言故事，它讽喻和警示人们的正是这样一个道理。

这个寓言故事说：

过去，有一个官员死后，来到了阴间。结果，阎王却要治他的罪。

于是，那鬼魂连声叫冤：“我没有罪，我没有罪。我做官时十分廉洁。”

那阎王便责问他道：“如果在大堂上放一个木偶，连水都不喝，岂不是更廉洁吗？仅仅只是廉洁，什么事都不干，这就是你的罪过。”

这则寓言想要告诉人们的是，廉洁只不过是从政为官的底线伦理或基本要求，光是廉洁还远远不够，还应积极作为，即治政为民，要多做有益于民生的好事。而且，最好是能够将孔孟儒家倡导和主张的以仁爱之心发政施教的治理理念或仁爱政治观落实在实际的政治行动或切实的政治举措上。

自汉以后，在孔孟儒家民本主义政治观和教化治国的政治主张的影响下，历朝历代都会有地方官员在治理地方时，能够切实地贯彻和实施孔孟儒家的治理理念，并取得良好的社会效果和治理佳绩，比如爱惜民力而使民以时，关切民利而施惠于民，乃至在富民的基础上以礼义引导、教化人民以实现移易、改善和淳化地方民间风俗的目标。这样的地方官员和他们取得的良好政绩往往能够赢得地方百姓真心诚意的赞扬和歌颂，正史书中一般把他们称作是“循吏”或“良吏”。这不仅仅是一种个别的现象，由于在某一时期有时会形成为一种群体性的现象，所以这些“循吏”或“良吏”对孔孟儒家政教理念的信守、奉行与实践，可以说在中国历史上形成了一种我们可称之为“循吏文化”的重要历史现象。

“循吏”的名称最早是由西汉史学家司马迁作《史记·循吏列传》时提出的，其最初的含义是“奉法（或奉职）循理之吏”，主要是指西汉初年文帝和景帝统治时期那些奉行黄老无为式政治理念的治民之官。但自汉武帝“罢黜百家，独尊儒术”之后，便出现了奉行儒家“先富后教”型政治理念的“循吏”，可以说，这一类型的“循吏”，也就是“代表了儒家的德治”的“教化型的循吏”，我们所谓的“循吏文化”所指的也正是这后一种类型的“循吏”文化。

作为官员群体中的一种类型，无论司马迁心中的“循吏”，还是后来儒家“教化型的循吏”，都是与“代表了法家的刑政”、喜欢舞文弄法而专以严酷刑杀为务的“酷吏”相对而言的。由于秉持着不同的治民理政的信念，他们对地方的治理，无论在内容、方式上，还是在取得的成效方面，都有着显著的差别。有学者曾对中国历史上自汉至清的循吏作专门的研究，指出他们的成就主要表现在三个方面：一是，改善人民的经济生活；二是重视教育；三是，公平理讼。

的确，循吏们往往能够勤政爱民，尽心尽力地“为民兴利”，或“凡有利于民者，为之无不力”，如注重地方公益事业——道路、桥梁、水利设施等的兴修和建设，关注民生，注重赈灾恤民特别是救济老弱孤贫，注重发展农业生产，施政以惠民富民为务；理讼公正允当，不尚严苛，务在息讼止争；教养兼施，兴学建校，治尚德化，以移风易俗、导民向善为务。

清代著名诗人和书画家郑板桥曾经写过这样一首诗：“衙斋卧听萧萧竹，疑是民间疾苦声；些小吾曹州县吏，一枝一叶总关情。”这首诗是郑板桥于乾隆十一二年间任山东潍县县令时所作，诗中表达了作者情系民生、关心人民疾苦的心声，可谓情真意切。用这首诗来描摹和刻画历史上的那些循良之

墨竹
（郑板桥绘）

吏的真实心迹也是再恰当不过的。

显然，汉武帝“独尊儒术”以后的教化型的循吏，是将孔孟儒家的仁爱政治观内化为信念而外化为行动的官员的典型，也可以说，教化型的循吏正是孔孟儒家仁爱政治观的人格化的体现与代表。也许他们在治理地方上所取得的一些具体成就算不上什么惊天动地的丰功伟业，但他们尽心尽力地为地方上的老百姓谋福祉，乐民之所乐，忧民之所忧，一心一意地造福一方，使民生安乐。因此，他们在生前死后赢得了地方人民的普遍尊敬和爱戴，在人们的心目中，他们犹如“神明”一般，人们不是立碑就是建祠，称德颂美，以表达对他们的感激、纪念之情。诚如班固《汉书·循吏传》所言，他们“所居民富，所去见思，生有荣号，死见奉祀”。

循吏还在推行儒教、传播儒家文化方面发挥了重要的功能和作用，而他们亦可以说是儒家文化教养下的“独特产品”！在中国历史上，循吏或“良吏”，他们树立了一种品德和政绩均优良的官员的典范，一种用以评判官员的善恶、功过与是非的价值标准，相反，与之相对而言的“酷吏”则逐渐地完全成为了“恶吏”的代名词。

循吏和酷吏既然成为了“良吏”和“恶吏”的代名词，他们在官场中的消长也就成了衡量吏治好坏的标尺，而吏治的好坏又是与民生的忧乐密切相关的，所谓“吏良则法平政成，不良则王道驰而败矣”。因此，在中国历史上，一些富有远大眼光和政治抱负、锐意于励精图治的政治家和统治者往往比较注重吏治的整顿和澄清，反之，中国历史上治绩显著、国泰民安的兴盛时期，也正是那些吏治修明、循吏众多的时期。

众所周知，在现实的生活世界中，人类生存的最大问题莫过于人心的隔膜与疏离；而对于治政理民者来说，为官之道的最大问题莫过于对民生的漠不关心。是以权谋私，还是治政为民，如何防范权力的滥用而将官员的一己之私情私心转化为治政为民的公义公心，这是自古以来就受到政治家和思想家们普遍关注的根本政治问题。正是为了应对和解决这一问题，孔孟儒家极力倡导他们的仁者爱人的德政观，希望治政理民者能够破除其自私的心魔，大其心量，提升其境界，化除人心的隔膜与疏离，乃至本着廓然大公、“仁民爱物”、“民胞物与”或痛痒相关而休戚忧乐与共的仁者的道德情怀与胸襟去担当为陌生的大众服务的政治责任，因为在他们看来，权力与责任是密不可分的。当这样一种政治的期望与为官之道的理想最终落实在官员的行动上，也就发展出了一种极富中国特色的“循吏文化”。循吏是在孔孟儒家的仁爱政治观及其治政为民的政治价值信念的基础上发展出来的一种官员类型，它承载着儒家政治文化或政治价值观念的丰富信息。就为官之道来讲，仅仅具有仁爱之心也许是远远不够的，或者说仁爱之心并不是万能的，但如果治政理民者完全缺乏对陌生民众的仁爱之心的话，那么一切有利于民生且见诸实效的政治措施的真心实行也都将万万不能。

**3. 帝师诤臣**

在王朝政治的历史上，儒生士人的主要人生追求便是“学得文武艺，货卖帝王家”。正如我们上面所讲的，一个人参与政治，进入仕宦之途，如果能够洁身自爱、勤政爱民，在地方上做一个清官循吏，那已经是很难得而可以享有无上荣光的了。而若是能够位极人臣，官至丞相宰辅，作为一个行政官员，那就更加地光耀无比了，因为那可是在君王一人之下、百官万人之上的最高职位了。但是，那可能还不是作为儒生士人的最高理想，也似乎不是从政做官最难做到的。而作为儒生士人的最高理想和从政做官最难做到的又究竟是什么呢？那就是做帝王之师和敢于直言极谏的忠臣义士或谏诤之臣。

儒生士人之所以会产生做帝王之师和谏诤之臣的想法和念头，那是因为在他们看来，人君帝王需要师傅的教导和臣下的谏诤。也就是说，至尊无上的人君帝王虽然拥有着雷霆万钧之势、掌握着天下人的生杀予夺之权，但他并不是生来就明达事理和道义，也不见得就真正懂得如何正确地行使自己手中的权力并运用治国之道来治国平天下，人君帝王也会像普通人一样犯错误、有过失，因此才需要师傅的教导辅弼和臣下的谏诤匡正。

但是，要做帝王之师和谏诤之臣又谈何容易！少数的开明之君也许觉得有必要听从他人的教导和建议，而绝大多数的专断、残暴、昏庸、愚惑的君主却常常是自作聪明、刚愎自用或容易受奸邪佞幸之人的摆布而不愿意听从他人的逆耳忠言和良策善谋的。

相传，夏桀荒淫而暴虐，大臣关龙逢多次直言劝谏，而被暴君夏桀囚禁杀死。

商朝末年，纣王无道，叔父比干屡次劝谏，竟被暴君纣王剖心而死。

西周厉王为政暴虐，他任用荣夷公实行垄断一切山林湖泽等自然资源的“专利”政策，惹得谤言四起，民怨沸腾。厉王大怒，于是就派一位卫国的巫师，去监视那些出言诽谤的人，并秘密向厉王汇报，然后就立即逮捕杀掉。结果，没有人再敢批评朝政，人们在路上相遇，只是以目示意。厉王得知大喜，得意地对召公说：“我能消弭臣民的谤言，竟没有人再敢讲话了。”而召公则对他说：“这只是堵塞人民的口而不让人民讲话，然而，正像防止河水决口一样，只是用堵的办法，河水一旦决口，造成的灾害会更大，倒不如采取疏浚壅塞的办法以使水流畅通，同样的道理，治国理民者也应当启发诱导而让人民敢于畅所欲言，这样不仅无害，反而有利于朝廷防止失误和推行正确的政令。”厉王不听召公的劝告，过了三年，也就是公元前841年，国人忍无可忍，终于发生了一次大规模的暴动，厉王只得从国都镐京出逃，亡奔到彘（今山西霍县东北）这个地方，并于14年后可怜地死去。

俗话说，“良药苦口益于病，忠言逆耳利于行”。

而暴君之所以是暴君，并不见得不懂得这个道理，而是因为他们有时自认为自己是绝顶聪明之人，根本就不愿意听从别人的建议，所以才会一意孤行，甚至直到身死国亡也不会醒悟。相反，那些贤明之君不仅懂得这个道理，而且能够切实践行，将这个道理真正落实到自己的实际行动上，也就是尊重那些富有远见卓识而德行高尚、学识渊博、智慧超群的圣贤人物，把他们尊为自己的老师，并真心诚意地向他们学习请教，而且，也能够广开言路，虚心听取和采纳臣下的忠直谏诤之言。如尧设有“欲谏之鼓”，舜设有“诽谤之木”，汤设有“司过之士”，以便听取谏言而使自己知道自己的错误和过失所在。

先秦的许多思想家特别是儒家学者正是从上述历史的经验教训中得出了这样一个重要的认识和看法，即国家的治乱兴亡在很大程度上往往取决于国君是纳谏还是拒谏。明君圣王都是特别尊师敬学并能够纳谏改过的，他们甚至让史官随时记录他们的过失，并准许士人传诵箴谏，瞽人传诵诗谏，公卿竞相进谏，士人传播言谏，庶人可以在道路上发布谤言，商旅可以在市场上议论朝政，以便君主听取和了解自己的过失；反之，暴君亡主都是不知尊师敬学、拒听谏议而喜欢文过饰非的，特别是那些纵欲无度、恣意妄为和暴虐无道的君主尤其厌恶听到别人指出自己的错误和过失。这一认识和看法又反过来对后来的政治文化观念产生了深远而广泛的历史影响，乃至成为了汉以后儒家政治文化的一项重要内容。

汉代的儒家学者或参政的儒士官员如贾谊等特别重视和强调太子的教育和师傅之职的重要性，这一看法逐渐影响到汉家王朝的统治者，所以有的帝王便特别注意为将来继承皇位的太子选择当世大儒来担任其师傅，而在皇太子即位后也会对他们的师傅格外地礼遇优渥，乃至封侯拜爵以示表彰和尊荣。如汉元帝于初元二年（前47），即即位的第二年，就下诏尊显其师傅萧望之，“赐爵关内侯，食邑八百户”，并说“国之将兴，尊师而重傅”。不仅如此，汉代帝王也常常下诏征求“直言极谏之士”，而儒士儒官也多能言辞激切，“上书无忌讳”。不管汉家王朝的统治者尊师重傅和广开谏诤之路的诚意和实际效果如何，但有一点是肯定的，当这样一种做法形成了一种“家风”、一种普遍的政治文化心态或精神氛围的时候，在它的影响和制约下，便会像清代史学家赵翼所说的那样，两汉之世，即使在王朝衰败的末期，家风使然的结果就是“但有庸主而无暴君”。

唐太宗君臣之所以能够成就“贞观之治”的盛世伟业，亦是与唐太宗尊师听教、用贤纳谏的“贞观之风”密切相关的。太宗礼遇功臣，优容谏臣，乃至贤臣满朝，谏臣盈庭。太宗御撰《帝范》一书专门有论述“求贤”“纳谏”之篇，唐人吴兢所编《贞观政要》一书更对太宗任贤纳谏的言行事迹搜罗备至、记载详明，太宗之所以能够任贤举能、屈己纳谏、从谏如流，而满朝的贤相诤臣亦能够各尽所能、忠心辅弼、直言规谏，乃至君臣一体同心，力行以民为本、仁义治国的太平善政，说到底就在于他们深识为君为臣的职责，洞达治国理民的大道，明晓治乱兴亡的至理。

因为太宗君臣明白“君犹舟也，民犹水也，水能载舟，亦能覆舟”的道理，所以太宗有言：“为君之道，必须先存百姓。”而谏臣魏征亦曾向太宗进言：“自古有道之主，以百姓之心为心”，并希望太宗“抚爱百姓，当忧其所忧，乐其所乐”。因为太宗君臣懂得创业难而守成更不易的道理，所以他们才能居安思危、力行善政。因为太宗君臣了解骄逸嗜欲足以致亡国之祸，或昏主护短拒谏，“恣暴虐之心，极荒淫之志”，可致身亡国灭，所以他们才能一方忠言直谏，以明政教得失而匡正君过，而另一方则乐闻谏诤，以自照自察、知过戒慎、闻谏改过。

魏征

“以谏诤为心，耻君不及于尧、舜”的魏征，可以说是贞观一朝直言谏诤之忠臣的代表和榜样。据有的学者根据《贞观政要》一书的记载统计，从贞观初年到贞观十七年魏征病故为止，魏征曾经先后50次向太宗面陈谏议，上呈奏疏11件，一生的诤言谏议多达数十万言。他分别于贞观十一年（637年）和贞观十三年（639年）上呈太宗的《谏太宗十思疏》和《十渐不克终疏》，被后世史家赞颂为“千古金鉴”和“万世师表”。而太宗在魏征去世后，常常感伤地对大臣们说：“夫以铜为镜，可以正衣冠；以古为镜，可以知兴替；以人为镜，可以明得失。而自从魏征去世后，我失去了一面镜子啊！”身为人君，而能虚心以谏臣为镜，说明太宗君臣的关系名为君臣，实则师友。

然而，随着专制皇权的不断加强，以至君臣尊卑如隔天渊之势的日渐强化，儒臣儒官若想做教导人君道理的帝师和面刺人君之过的诤臣，那可以说是一件越来越困难的事情了。因为多数的专制帝王并不喜欢听教训谏诤之言，而最喜欢听的就是阿谀奉承的美誉。

唐宋以后，朝廷设有为皇帝讲解文史经籍与为政治国之道和备皇帝顾问的侍读侍讲和经筵讲官的职务，由有政治威望和学问渊博的官员与学者充任。显然，除了备皇帝顾问，这一职务在一定意义上具有“帝王之师”的意味，担负着对皇帝本人的教育责任，但其“帝王之师”的职责在很多时候可能起不到任何实质性的作用。

宋代著名理学家程颐和朱熹就曾经位列侍讲之职和经筵讲官，他们踌躇满志地怀着“得君行道”之志，汲汲于以“格君心之非”或正君心为事，以便实现救世济民的目的。如程

朱熹

颐职任崇政殿说书期间，曾谆谆告诫年仅12岁的少年皇帝哲宗一定要尊儒重道，而不要亲近小人和女色。据说，有一次，哲宗小皇帝在御花园中折断了一节树枝，而天地有好生之德，人君有参赞天地化育之责，岂可随意摧残攀折天地之生物，于是程颐便板其面孔教育、训导了哲宗一番。或许幼年时期的皇帝还会听从训导，但长大成人之后的皇帝那就未必然了。对于程颐不要亲近女色的教诲，少年哲宗可能还懵懂不知所谓，但长大后一接触女色，哲宗皇帝便觉得还是女人好啊，于是纵情声色，还废了皇后，24岁就驾崩了。

朱熹生活的年代历经南宋高宗、孝宗、光宗和宁宗四个朝代，虽然几次应诏出任官职，但多为地方官，始终得不到重用，有时还长期赋闲在家。宁宗即位听政之初，朱熹终于时来运转，被征召入朝任焕章阁待制兼侍讲，宁宗下诏“经筵官开陈经旨，救正阙失”，并“钦点”朱熹为经筵讲官，朱熹以为真的有了“得君行道”的机会，所以就一再以“帝王师”的身份上启圣心，训导宁宗一定要正心诚意、以修身为本。但是，仅仅过了一个多月的时间，朱熹便因上疏得罪了权臣韩侂胄而被罢逐。

张居正

再说大明王朝的神宗万历皇帝，即位之时年才10

岁，大学士张居正于是受命担负起了教育和辅佐这位小皇帝的重大责任，张居正可谓一身二任，既为“帝王之师”，又是帝国的内阁首辅，但他不愧是一位能臣，10年之间，辅佐年幼的神宗皇帝将大明王朝治理得“国势几于富强”。据史载，神宗生母慈圣皇太后教子颇严，有时神宗不愿读书，便罚他长跪。而张居正亦以严师的身份对神宗严加训导，并亲自为年幼的万历皇帝编写学习用的故事书《历代帝鉴图说》，讲述了尧舜以来古今治乱之事100多条，包括有为君主的81件事和引以为戒的事情36件，该书分上下两册，每一事配一副图画，再以通俗的语言加以解说，图文并茂，明白易晓，非常适合少儿阅读，所以颇能吸引万历皇帝阅读的兴趣。张居正特别教导万历皇帝要以“讲学、亲贤、爱民、节用”为急务，万历对张居正也是格外地敬重，称张居正为“元辅张少师先生”，并尊事之以师礼。而且，在张居正的教导下，万历最初还是好学上进的，比如万历三年的夏四月发生了日食，万历小皇帝便“书谨天戒、任贤能、亲贤臣、远嬖佞、明赏罚、谨出入、慎起居、节饮食、收放心、存敬畏、纳忠言、节财用十二事于座右，以自警”。

张居正于万历十年（1582年）去世，万历皇帝为之辍朝，并以“国公兼师傅”之礼遇给以哀悼祭奠。但是，令人不解的是，不久之后，亲政之后、大权在握的万历皇帝便开始了对死后的张居正和他的家人的惩治，抄家充军，削夺张居正生前所有的封

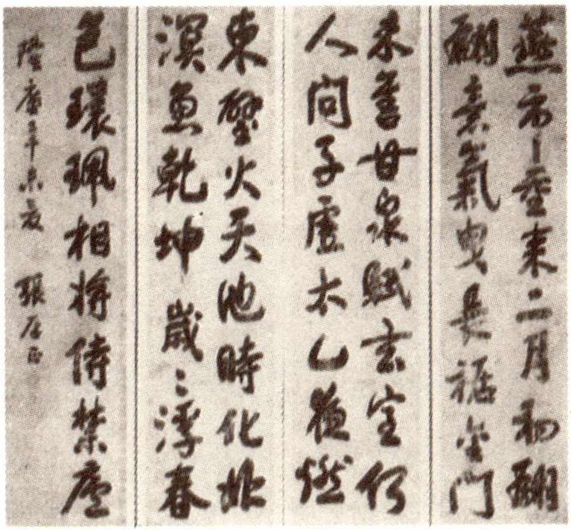

张居正手迹

号恩赏，其生前取得的政治功业治绩也被一一废弛。我们已无法了解万历皇帝内心当时究竟是怎样想的，但从他前后判若两人的表现不难想见，万历的性格肯定发生了极度的扭曲。而性格的扭曲肯定是与他特定的身份、所处的政治环境和幼年受到的严格管教密切相关的，幼年受到的严格管教并没有使他成为一位明君圣王，反而导致了他在无人再管教也无人能管教他的“内心孤独又空虚”的状态下，借助于他的特殊而神圣的皇帝身份，开始走上了一条任性、放纵、倨傲、堕落的政治人生的不归路，乃至导致了整个大明帝国也从此走上了由胜而衰、日趋败亡的不归路。

正是在大明王朝由胜而衰发生转折之际，清官海瑞死于万历十五年。他晚年亲眼目睹了张居正这位帝师的个人命运与遭际的悲喜剧，不过，相对于帝师来讲，海瑞本人的表现在当时和后来也许更加能够发出一种人格魅力的耀眼光彩，因为他不仅是清官的代名词，而且更是直言忠谏一类的诤臣的典范。像张居正那样，要想成为帝国的内阁首辅和帝师，主要靠的是手腕、魄力、才干和机遇；但像海瑞那样，要想在一个政治日趋昏暗、官场普遍陷入腐败和堕落的时代环境下成为激浊扬清、嫉恶扬善的一代清官和诤臣，他靠的又是什么呢？那就是：一个受过儒家教育的读书人的良知，一个食君之禄、忠君之事的官员的忠诚，一种怀着必死之心而为民请命的仁人志士的政治热忱、责任心和使命感，一种壁立千仞、为正义而献身的道德勇气。

万历皇帝的祖父嘉靖皇帝与万历的表现也相差无几，是在即位之初，“力除一切弊政，天下翕然称治”，而后来的表现却极为糟糕的一位昏君；而且，他在位长达45年，也是喜欢长年深居皇宫，经常不上朝与大臣们见面议政的。正是在嘉靖四十五年（1566）春二月，职任户部主事的海瑞披沥肝胆地给嘉靖帝上了一道震惊朝野的著名奏疏，疏中措辞激烈，批评嘉靖帝“是一个虚荣、残忍、自私、多疑和愚蠢的君主”，认为他最大的错误就在于崇信道佛二教，一味追求修道成仙、长生不死而不问朝政；另外，官吏的贪污腐败、官府的横征暴敛、宫廷的无限浪费，再加上水旱自然灾害和盗贼的祸害，致使民不聊生，这些皇帝本人都是有责任的。其中，海瑞还直言不讳地说：“盖天下之人不直陛下久矣！”意思是说全天下的官员百姓，很久以来早就认为您的所作所为是不正确的了。

嘉靖皇帝读罢海瑞的奏疏，十分恼怒，把奏疏摔到地上，大声命令道：“抓住海瑞，别让他跑掉了！”这时，宦官黄锦在一旁说道：“海瑞这个人素来就有痴名。听说他在准备上疏的时候，自知会触犯龙颜，必死无疑，所以他早就为自己买好了一口棺材，并与妻子家人诀别，等着朝廷治他的死罪，他家里的仆人们也都吓得纷纷逃散，没有一个人留下。所以海瑞肯定是不会逃走的。”嘉靖听后，沉默不语。过了一会儿，嘉靖又从地上捡起海瑞的奏疏反复阅读，竟还感动叹息了一番，并说：“这人可与古代的忠臣比干一比，但朕并不是纣王。”不过，后来有人对嘉靖说：“陛下怎么能受这人的诟詈辱骂呢？”嘉靖经不起小人的挑拨，于是下令锦衣卫把海瑞逮捕并禁锢了十个月，幸亏嘉靖驾崩、隆庆皇帝登极，海瑞才被释出狱。而当海瑞临出狱前，狱卒设酒馔款待他，本以为是临终一餐，不曾想狱卒告诉他的竟是嘉靖帝的死讯和他将获释出狱的喜讯，海瑞听了这个消息，竟然出人意料而悲痛地哭倒在地，而且是为嘉靖帝的死“终夜哭不绝声”。

嘉靖帝为何犹豫不决而没有立即恨下毒手而杀掉海瑞，海瑞又为何为嘉靖帝的死如此悲伤痛心？

海瑞的直言极谏当然会让嘉靖帝深感不快，不过，海瑞毕竟还是站在维护大明王朝的“家天下”并为嘉靖帝这位王朝的主人着想的政治立场上来直言进谏的，正如海瑞在他的奏疏中所说的，“臣闻君者天下臣民万物之主也，其任至重”，和“夫天下者，陛下之家”，这表明了他的政治立场，他的政治立场是绝对忠于大明王朝和嘉靖皇帝的。生为大明王朝的臣，死是大明王朝的鬼，这一立场也正体现了“家天下”时代传统学者和官员的正统而典型的忠诚于专制君主和朝廷的政治立场，所以嘉靖帝才会犹豫不决，而海瑞在听到嘉靖帝的死讯后也才会真诚地痛哭不已。

不管怎样，海瑞置个人生死于不顾的忠谏的确是义勇可嘉的，他的谏诤既是出于忠诚，也是为了道义。不过，海瑞的“峭直”虽然较那些以奴婢之道事君而喜欢阿谀奉承之辈的奴颜婢膝的嘴脸有着天壤之别，而可爱可敬得多，但毕竟是会让人感到畏惧忌惮的，所以后来在万历初年，帝师张居正主政期间，也是不大喜欢海瑞的，正是海瑞的清正忠谏让他本人始终得不到当权者的真心重用。不过，相比历史上的那些不知其数的因为忠谏、强谏而被杀的人，海瑞能够寿尽老死而善终，其个人的命运终究还算是不错的。

综合上述，无论是贤相能臣，还是清官循吏，乃至帝师诤臣，作为一种理想的政治角色期望，在激励从政为官者的奋发有为之志、砥砺他们的品格与节操方面，乃至在现实的政治生活中这样一些政治人物的产生及其实际的政治作为，对于推动历史的进步和政治的昌明，从而带给人们信心和希望方面，无疑能够发挥相当积极而有益的作用。不过，这些理想的政治角色和政治人物的才智、学识、忠诚及其责任心和正义感，在王朝政治的历史上又毕竟只能在忠于和服务于专制君主及其国家的立场上发挥作用，或者是不起作用，因此，他们的所作所为并不能最终影响和决定王朝的运势或帝国的命运，王朝的运势或帝国的命运最终掌握在它的唯一主人——主宰和支配天下臣民的专制帝王的手中！正如黄宗羲所言，专制君主实乃天下的大害或痼疾，或许只有彻底根治、根除这一祸害或顽疾，儒家政治文化中的某些精华要义，如上述理想政治角色期望中所蕴涵着的治政为民、任贤使能、为官清廉公正、忠于职守、克己奉公、广开言路等等许多值得今人珍视和奉行的政治价值观念，才能真正焕发出其极富特色的别样的光彩！



## 三、儒教中国的文化政治理念

自汉以后，在儒家掌握了思想意识形态领域的文化领导权，或儒教占据统治地位的传统中国的王朝历史上，作为一种思想文化力量的儒学或儒教与现实生活中的政治实践的关系如何？儒家理想的政治文化信念与现实的实际政治运行是一种什么样的关系？儒学或儒教为现实的政治生态和实际的政治运行提供了什么样的思想观念和文化价值的“软件”环境，又究竟发挥了什么样的社会历史影响和政治文化作用？诸如此类的问题，都需要我们以一种严肃认真的历史态度，并站在客观公正的立场上来思考和看待。

### 1. 政教相维

人类事务需要政治的治理和行政的管理，需要借助于权力、一定的政治体制并运用一定的治理方式、管理手段和政策措施，来维持正常的人类生活秩序，增进人类的福祉乃至提升人类生活的品质和引领人类文明发展的正确方向。不过，从历史的角度讲，不同历史时期和阶段的人们在制度上采取的政体架构和治理上运用的统治方式和手段是大为不同的，乃至同一历史时期不同国家和地区之间也存在着很大的差异。但，不管采取什么样的政体形态和制度架构，古今中外的任何政权都不可能单单依靠残酷的暴力手段来维持其持久而稳定的政治统治，所谓的政治和政治关系也从来不是一种单纯地依靠强力来使人屈服的人类活动或权力关系。

就中国历史上的君主政体来说，虽然它在政治形态和制度架构上经历过许多的变迁，而日趋于君主的一人专制化，就像秦王朝的统治那样，实行赤裸裸的暴政是容易患上伤风感冒而不能持久的，秦汉以后由君主一人大权独揽、乾纲独断的专制政治统治也是易于走火入魔而引起人民反抗的，但在不同的历史时期和阶段，统治者仍然需要借助或通过宗教的信仰、道德的手段甚至是尊重民意的方式来使其统治变得相对可以忍受乃至合法化，以便强化其权威，维持其统治。

自汉武帝以后，儒术、儒教、儒学之所以受到统治者的尊崇和表彰，其根本原因就在于统治者欲借助于儒术、儒教和儒学来强化其道德与文化的权威、维持其持久而稳定的合法统治。反过来，儒家学者也试图借助于政权的力量来推广儒学，实行儒家有关儒术和儒教的各种信念和主张。正因为如此，儒术、儒教、儒学与历史上各个朝代的政权及其统治者之间建立起了一种持久而稳定的相互供求和结合、相互依存和维护的关系，这就是所谓的“政教相维”。

“政教相维”的说法，可以说贴切地概括了儒教中国或王朝政治的历史上现实政治与儒教文化之间相互关系的基本模式和状态，也符合历史上的统治者和儒家学者双方有关政教关系的理想模式与状态的看法和期望。然而，我们今天再来反思和讲述这一点的时候，却必须清醒地意识到并应明确指出，这并不是二者关系的全部，在实际的历史进程中二者关系的真相要比这错综复杂得多。它们之间可以说是一种既若即若离而又不即不离的关系，是一种既依存合作而又紧张冲突的关系，是一种剪不断、理还乱的关系。

譬如，儒术、儒教、儒学中的以礼为教、以德化民、仁义治国、以民为本、天下为公以及治尚三代、推隆尧舜的政治主张和理念，与实际执政当权者的私欲及其对当下实际功利的考虑、不同政治派别之间意气用事的政治争斗、特别是专制帝王独断专行的权力意志及其根深蒂固的“家天下”的观念和喜怒无常的心魔、滥施刑赏的作派等等，这二者之间相互对立、紧张和冲突的关系，正像二者之间相互依存、合作和维护的关系一样，贯穿着儒教中国或王朝政治历史的始终。

即使从二者相互依存、合作和维护的方面来讲，儒家可以说也主要是基于理想化的道义信念而为现实的政治实践和权力运作提供了一种政治性的文化价值脉络和符号象征系统，我们不能将儒家提供的政治性的文化价值脉络和符号象征系统直接看作或等同于现实的政治实践方式和实际的权力运作机制，二者之间既是一种理想与现实之间的关系，也是一种虚与实、软件与硬件式的依存互动关系。当然，其中也不可避免地会发生那种纯粹工具化或功利化的相互歪曲利用的情况。

从理想与现实的关系角度，我们还有必要在儒家理想化的政教观念与现实政治中专制帝王对政治权力和教化权力的一体化的垄断、独占和享用区分开来，乃至有必要在观念中的政教关系和现实中的政权与儒教的关系作出有意义的区分。所谓的“区分”，是说既不是将两者截然二分，似乎两者毫无关联，但又认为两者之间存在着差异或区别，而不宜将两者完全混同。

比如，在思想观念或理论主张中，儒家坚持一种以教为政或道德教化即为政治根本目的的政治理念，而且他们将教养人民的权力与责任主要寄托在君主的身上。显然，儒家的教化政治观为专制帝王既享有政治权力而又同时可以垄断和独占教化权力提供了理论上的正当依据。但是，儒家在理论上所主张的教化政治观，主要是强调统治者有责任在保障民生的基础上对人民进行道德礼义的教化，而进行道德礼义教化的目的主要是旨在借助于政权的力量来提升人民的道德品格和文明教养。与之不同的是，专制帝王对教化权力的垄断和独占，却主要是用于对人民实施道德控制或道德专政以维护其专制权力和政治统治的目的。

事实上,现实政权与儒教在历史上的实际关系，既不同于儒家观念中的理想化的政教关系，也有别于专制帝王对政权与教权的一体垄断和占有。因为自孔子开始，儒家就具有了一种明确的圣与王、政与教乃至专制帝王之势与孔子圣人之道相分离的观念，虽然他们试图在现实中将二者历史地重新结合为一体，但是，他们也知道这一努力往往是失败的，或者常常是事与愿违的。因此，他们在将教养人民的天然权力与职责理所当然地寄托在君主身上的同时，也从来没有完全放弃过自我道义担当及从事社会教化的权力和责任；而且，虽然他们所信奉的孔子圣人之道常常在历史上屈尊或受压制于专制帝王的独断权势，但是，他们从来没有完全放弃自己的独立品格、意志与精神。在他们的心目中，始终坚守着儒家教义或儒教信念的真理性和独立性，坚守着道义高于君主、教化重于权力、孔子圣人之道尊显于也久远于帝王之势的信念。或者如王夫之所认为的那样，“儒者之统”实可与“帝王之统”并行于天下而互为兴替，当二者能够相合时，天下可以得儒家圣人之“道”而治平，儒家圣人之“道”也可以得天子的权力支持而昌明。在王朝政治衰败之际，虽然“帝王之统”走向了式微中绝，但儒家学者仍然可以“保其道以孤行”，即无须帝王之势的庇护和支持，而能够靠自身的努力独自保存“儒者之统”或儒家圣人之“道”的延续，使之不至于消亡，乐观地讲，更可以等待时机而在将来使之发扬光大，正所谓“人能弘道”。显然，富有“保其道以孤行”的独立精神的儒教信念，更主要的是在实际的历史进程和日常政治之外为统治者树立起一种理想的治道标准，并希望对统治者的政治行为发挥一种规范的作用。

另外，就儒术、儒教、儒学自身来讲，它在历史上并非是一成不变的，儒家学者之间也并非是完全一致的。它在不同的历史时期和阶段发生过这样那样的、朝着或好或坏的方向的变化，而且不管在哪一个历史时期和阶段它的内部或不同的儒家学者之间都存在着这样那样的学术流派和思想观念上的差异与分化。或者倾向于维护和效忠于专制帝王的绝对统治，并把专制君主的意志看作是最大的政治，或者倾向于加强对专制帝王的权力意志与政治行为的限制和规范，并把与民同忧共乐看作是最大的政治，或者两种倾向兼而有之，而在历史上不同的政治态度和倾向自然会演生而形成不同的政治文化信念和价值取向。

还有就是，儒家学者虽然有着强烈的忧国忧民、经邦治世、以天下为己任的政治情怀，但我们也不能不看到，在他们所追求的“知者乐水，仁者乐山”、俯仰无愧于心的君子之乐以及“寻孔颜乐处”、“富贵不淫贫贱乐，男儿到此自豪雄”或浑然与物一体的生命意境和心灵境界中，在他们那“民胞物与”“为天地立心，为生民立命，为往圣继绝学，为万世开太平”的恢弘气魄和精神追求中，在他们或向内反身探求心性本源、或向外上达天道天理的道德性命之学中，更有着不为入仕参政的情怀所限制甚至超政治的内涵与意义。

果如上言，则任何有关儒术、儒教、儒学本身及其与现实的帝王之势或王权政治之间关系的单一而刻板的印象描述或笼统说法都会因例外的存在而受到挑战，尤其是试图以一个简单的概念来概括具体而丰富的历史内容总是会面临着以偏概全的危险。因此，再回头来讲，所谓的“政教相维”只是就现实中的王朝政权与作为一种思想文化因素的儒教之间二者关系的大体情况或基本状况来讲的。在明确了这一点后，我们下面将只就在二者之间能够发挥相互维护作用或能够起强化二者关系的作用的历史意义上，对历史上的儒家所抱持的那些借思想文化以维护政治统治的、我们不妨称之为“文化政治”的理念加以介绍和评述。

**2. 尊孔崇经**

自汉以后，王朝的统治者与儒家学者对圣人孔子和儒家经典的共同尊奉，对于维系王朝政权与儒教的稳定而持久的相互依存与维护的关系来讲，可以说具有至关重要的决定性作用。

那么，在儒教中国的时代或王朝政治的历史上，圣人孔子和儒家经典究竟受到了怎样的尊奉呢？

宋初著名政治家赵普的故事很能说明这一方面的问题。

赵普是宋王朝的开国元勋，曾策划陈桥兵变，帮助宋太祖赵匡胤夺取后周政权。

赵普自太祖乾德二年（964年）起任宰相，太宗时又两次任相，深得宋王朝两代帝王的信任和器重。

不过，赵普少时为吏，读书不多。所以，做了宰相之后，太祖常常劝他要多读点书。

听了太祖的劝导，赵普果真开始用心读书，并喜欢上了读书。

赵普晚年为相，读书读得更是到了痴迷而手不释卷的地步。

什么书让赵普如此喜欢读，竟到了痴迷而手不释卷的地步呢？

据史载，赵普每天从相府衙门办完公事回到家里，都要关上门窗，打开书箱，从中取出一本书来读，而且，一读就是一整天。等到第二天再去到相府办公和处理政务时，都是处理决断得如同流水一样顺畅。

赵普于淳化三年（992年）去世，其家人在整理他的遗物时，好奇地打开了赵普的书箱，想看一看令赵普那么喜欢读的究竟是什么书。

结果怎样呢？

家人发现，书箱中放着的原来是一本《论语》。

论语

在传统中国人的心目中，《论语》是一部记载着圣人孔子言行的中国人的“圣经”，而且，无论是修身养性，还是治国平天下，所有相关的道理都应从《论语》一类的儒家经典中去寻求，并切身加以践行。赵普之所以那么看重和喜欢读《论语》，既是因为受到了这种文化观念的熏陶和影响，也更是这种文化观念的最具典型意义的体现。

相传，赵普还曾经对宋太宗说过这样一句话：“臣下平生所学所知，就是《论语》这部经书。过去我用半部《论语》辅佐太祖平定了天下，现在我想用半部《论语》来辅佐陛下实现天下太平之治。”于是，后来也就有了“半部《论语》治天下”的说法。

重视儒家的经典，乃是出于对圣人孔子的尊崇。南宋大儒朱熹曾讲过一句“天不生仲尼，万古长如夜”的名言，以表达自己对圣人孔子推崇备至的信念。

无论是“半部《论语》治天下”，还是“天不生仲尼，万古如长夜”，这两种说法无疑都具有极端夸张的意味和色彩，历史的事实或现实的真相不可能如此，然而，儒教中国的历史事实或现实真相正是在由这种观念所构造而成的政治文化精神氛围中演生和展现出来的。

当然，尊孔崇经的观念及其具体内涵本身也有一个历史演变的过程。大体情况如下：

在先秦诸子的时代，虽然孔子及其学说受到了其他学派的批评，但孔门弟子及其后学已开始将孔子尊奉为圣人了。

西汉时期，史学家司马迁在《史记·孔子世家》中首次将孔子尊称为“至圣”，儒学宗师董仲舒则将孔子尊奉为“为汉制法”的“素王”，即有德而无位的无冕之王，而两汉之际儒家学者更在纬书中将“素王”孔子神圣化。后世的儒家学者进一步发扬蹈厉，延续、传承和强化着孔子的“至圣”“素王”的历史形象，并拓展了孔子形象的神圣内涵，以孔子“为百王师”，制作而“立万世法”。

自汉武帝“独尊儒术”“表章‘六经’”之后，由孔子删定编修的《诗》《书》《礼》《乐》《易》《春秋》这六部历史文化典籍也成为了同受儒家学者和官方政权尊崇和表彰的神圣经典，被称为“六艺”或“六经”，由于《乐》经亡佚，故只剩下所谓的“五经”。后来，经典的数

目不断增加，有七经、九经、十经之说，至唐代，增加确定为十二经，即《诗经》《尚书》《周易》《周礼》《仪礼》《礼记》《春秋左氏传》《公羊传》《谷梁传》《论语》《孝经》《尔雅》。宋代又以《孟子》入经，故总称为“十三经”。除了“经”的名称之外，宋时又有所谓“四书”，即《大学》《中庸》《论语》《孟子》，《大学》和《中庸》本是《礼记》中的两篇，南宋大儒朱熹将它们从《礼记》中专门选取独立出来而与《论语》《孟子》相配合并在一起，并为之作注而成《四书章句集注》一书，后来被官方确定为科举考试的必考书目，故与“五经”同被尊为儒家神圣的经典，从而有“四书五经”的说法。

另外，除了汉家高祖刘邦于公元前195年（高祖十二年），在路过鲁地时曾“以太牢祠孔子”，属于一时的心血来潮之举之外，自汉武帝“独尊儒术”以后，随着儒术、儒教、儒学的广泛传播、普及和深入人心，作为国家的常典，历代帝王尊祀孔子的活动可谓是愈演愈烈。

汉平帝元始元年（公元1年）追谥孔子为“褒成宣尼公”，这是帝王尊封孔子谥号的开始。东汉初，光武、明、章诸帝都曾亲幸孔子故里祠孔，祠孔显然已成为帝王政治活动中的一项具有特殊意义的制度化的惯例，另外学校祀孔（与周公并祀）亦始自明帝时。最初，汉帝每年秋季祭孔，汉灵帝时增为春秋两次。自汉而后，帝王祠孔遂逐渐成为历代常规化的国家大典，而且仪式也越来越隆重复杂。

唐初，诏立周公、孔子庙于国学，四时祠，释奠之礼以周公为先圣，而以孔子为先师配享。唐太宗贞观二年（628年），不仅下诏在京城国子监修建“周公、孔子庙各一所”，且命“州县皆立孔子庙”，四时致祭，而且，停祭周公，升孔子为先圣，而以颜回为先师配享。唐玄宗开元二十七年（739年），追谥孔子为“文宣王”。

宋太宗秉承唐开元追谥孔子之号，仍追谥孔子“先圣文宣王”。真宗时，加谥孔子为“玄圣文宣王”，后又改谥孔子为“至圣文宣王”。

当代祭孔活动

宋高宗绍兴十六年（1146年），夏仁宗“尊孔子为文宣帝”。

元成宗大德十一年（1307年），加封孔子“大成至圣文宣王”，并在诏书中赞颂孔子为“仪范百王，师表万世者”。

明洪武帝对孔子仍然尊祀如前世，或亲谒孔子庙，以太牢祀先师孔子于国学，或遣使诣曲阜致祭，并诏天下通祀孔子。明世宗嘉靖九年（1530年），“更正孔庙祀典”，去掉了孔子“王”的尊谥之号，“定孔子谥号曰至圣先师”，对孔子的祀典由大祀（祀天之礼）降格为中祀（用于祀先师）。

清世祖顺治二年（1645年），更定国子监孔子神牌位号，欲复元制曰大成至圣文宣王，下礼部议，定称“大成至圣文宣先师孔子”；顺治十四年（1657年），复孔子位号曰“至圣先师”；光绪末，改先师孔子为大祀。

由上可见，历代帝王对孔子封谥尊号与祀孔大典的逐渐上升尊隆之势虽然在明嘉靖朝一度受到挫折与扼止，但总的来讲，尊孔崇经、表彰儒术的基本国策是始终未变和不断得到强化的。而且，统治者从对孔圣、经典和儒术的尊崇和表彰中，也主要为自身获取或赢得了能够使臣民们认同其权威与统治的一系列重要的儒家文化或儒教信仰的价值符号、象征性资源与文化政治的观念资本，诸如受命而王、奉天承运、纲常名教、忠孝治国、教学为先等。

**3. 奉天承运**

西汉文帝前二年（前178年）冬十一月的最后一天，自然界发生日食现象。当时人认为日食乃重大的自然异常现象，是由君主政治上的过失所引起的，因此，文帝为这一现象的发生而下了一道自承其过的罪己诏书，主要的意思就是强调：上天不仅诞育和化生了天下万民，而且为之置立君主，君主代天而治，其职责就是养教和治理人民；如果君主失德有过，布政施教而不均平，那么，上天就会降下灾害以示警戒。而为了补过救失，文帝在诏书中还命令臣下百官悉心反思并指陈他的过失，为此还要察举贤良方正之士和能够直言极谏者，授予他们一定的官职，让他们为政以便民为务，减轻人民的徭役赋税负担，以便对其过失有所匡正。

这是汉家帝王重视日食现象，而且在罪己诏书中使用许多的恐惧之词的滥觞。不过，在当时，帝王因日食而下罪己之诏，这还只是出于文帝本人自我反省的意识和自我节制的美德，它演变为一种普遍的政治文化现象还是后来的事情。尽管如此，文帝在诏中所表达的代天而治的君主理念在中国的历史上却是源远流长的，它可以上溯到上古三代对上帝或天的崇拜和信仰，而中国人对上帝或天的传统信仰，具有强烈而鲜明的政治性，即它自始就是与王权统治的政治合法性或正当性是密切相关的。

在先秦诸子的时代，随着各种人文思潮与世俗政治思想的兴起，天的宗教神秘的意味日趋于淡化或弱化，而其自然的哲学意味或义理化的人文含义越来越突出而成为了一个至关重要的政治哲学概念。除了墨子仍然坚守着对天、天志的传统信仰之外，当时的许多思想家都认为宇宙间或天地间存在着某种自然的秩序、法则或理法，这就是所谓的“天道”，人类的行为和生活应当顺应、遵循或效法“天道”而不是背离它，否则便会陷入混乱败坏当中。因此，虽然天的神秘主义性质大大减弱了，但天与人特别是天与政治之间仍然具有着至切的关系。当然，如在荀子那里，也发展出了一种天人相分的思想倾向。

降至汉世，著名思想家董仲舒则一反先秦人文思潮发展的趋势，提出了一整套“天人相与”即天

董仲舒

人之间相互关联与感应的宗教学说，试图恢复和重建前诸子时代的政治文化传统中对天的神秘信仰。而且，在他创立的“天的宗教”信仰体系中，同样具有强烈而鲜明的政治性，即他试图在对天的神秘信仰的基础上或在天人感应的关系框架下来重新思考理论的与现实的政治问题，反之，他亦想藉此而为现实政治奠定或建立一种宗教维度的根基。

在董仲舒对天的宗教神秘信仰及天人相关性的思考中，他以一种非理性的“神秘”经验及由此产生的强烈“畏惧感”为核心，重新塑造了天的至高无上的绝对威权。董仲舒认为，在天地所创生的万物当中，人是最为尊贵的，这种尊贵性就体现在人可以“下长万物，上参天地”，而且，无论是人的四肢形体，还是血气情志、德行心知，都是上天之所命所化，故而唯有人是与天相类相副乃至相互感应的。比如，人有360根骨节，而天数是1年360日；人有耳目聪明，天有日月之明；人有喜怒好恶，而天有寒暑暖清，等等。正因为如此，人的行为会上感天心，而上天也会根据人行为的善恶而作出反应。

毋庸讳言，董仲舒所讲的天人相类相感，在今人看来显然具有一种观念上无类比附和臆想的荒谬性质，不过，他所关注和所欲回答与解决的问题却是现实而真实具体的，即如何清理和扭转秦朝暴君虐政的政治遗留问题，如何引导汉家的统治策略和政治指导思想转到以王道德教为主的儒家轨道上来，乃至如何既赋予专制君主一种政治统治的天命合法性，而又使其权力意志受到一定的限制与规范，可以说这些都是当时他所处的那个时代所面临的最急迫而需要作出理论上的回答与解决的政治难题与思想文化问题。

值得注意的是，董仲舒并不是一般地谈论天人感应的问题，他所主要关注和集中探究的是天人之间是如何通过帝王及其统治这一环节而相互关联与感应的问题，因为在他看来，只有帝王才能与天建立起真正直接的相互感应的联系。因此，如果说董仲舒在重塑天的绝对威权及对天的“神秘”信仰的基础上创立了一种“天的宗教”的话，那么，这一“天的宗教”却并非是一般人的宗教，而是帝王的宗教，不是“上帝面前人人平等”的普世性宗教，而是唯我君王可以承天意以理政治民的政治性宗教。

正是基于上述对天的神秘信仰和天人相关性的思考，董仲舒围绕着帝王的统治及其政治合法性问题提出了一系列重要而影响深远的政治命题。比如，开创和建立了一个王朝的统治者之所以能够成功地获得政权，那意味着他肯定是一位受命的圣王，反过来讲，圣人是受上天之命而成为王的，这就是所谓的“受命而王”。“受命而王”的命题，既可以被用来圣化王权并赋予它一种“天命”的合法性，亦可用于激发和催迫统治者对“天”的“神秘”信仰与崇拜，以便制约帝王的权力。为此，董仲舒一方面格外强调号称“天子”（天的儿子）的王者应该像孝子事奉父亲那样去孝事和祭祀上天，即作为“天之子”理当应“视天为父，事天以孝道”，而同时亦极力主张“受命而王”的统治者（帝王天子）应“法天”或“奉天”而治。

在董仲舒的宗教信仰与政治构想中，无论是以孝道祭天、事天，还是“法天”“奉天”而治，从其产生的政治效果上来讲，都具有两个面向的意义，既使“受命而王”的统治者由此而获得其政治统治或王朝运统的合法性或正当性，而又可以使统治者的权力意志或对权力的行使受到天的宗教性神秘威权或天道运行的理法规则的制约与限制，而不至于由于过于恣己专断或恣意妄为而招致败亡之祸。而将这两个方面的意义结合在一起，于是，董仲舒又进一步提出和阐发了他那最著名的天人感应性的灾异谴告论说。

在董仲舒政治性的宗教信仰中，天既是“一种以神谴的方式所显现出的一种令人敬畏的力量”，具有至高无上的绝对权能与权威，同时天的意志又是“无穷极之仁”的，即对人间众生尤其是人间的统治者又是充满着关爱之情的。所以，当统治者的政治行为发生过失或国家面临“失道”之败的时候，上天首先会降下灾害怪异之事予以警示或谴告，以便使统治者自省惊惧而改正自己的过失与错误，大的自然灾害或异常现象就叫做“异”，小的就叫做“灾”。灾异的发生，正是上天对于统治者发出的谴责与警告，而且是出于对统治者的仁爱之心才这样做的。如果统治者能够“省天谴而畏天威”或者见灾异而惊骇畏恐，以至作出积极的回应或应答，即对自己的过失加以反省，并自强奋勉、努力学习而返归正道，那么，灾异自然就会消除。否则，则会招致天命丧失、国家败亡之祸。

众所周知，董仲舒是两汉之世最著名的儒学宗师，是在汉代尊儒运动中促使汉武帝将儒术定于一尊的关键性历史人物，不仅如此，他还承上启下地重新塑造天的绝对威权而创立了上述“天的宗教”，提出了一系列重要而影响深远的政治文化观念，因此，他可以说是一位引领一个时代（汉代）的思想风气和政治思维发生根本转向并塑造了其思想特性而具有分水岭或里程碑意义的政治思想家。他所提出的“受命而王”、天子应郊祭上天和奉天而治等政治观念及其将自然灾异与人事政治关联合一的天人感应的灾异谴告之说，在西汉中晚期的儒家学者和

祈年殿
（位于今北京市）

汉家统治者中间乃至后世的整个政治生活中发生了广泛而久远的历史影响。

在西汉中晚期和东汉之世，每当遇到自然灾害的发生，儒家的学者和官僚都会推言、陈述政治的得失或直言不讳地指责统治者的过失，而汉家王朝的统治者也会下诏罪己，因为当时人的普遍政治观念就是帝王肩负着代天或奉天而治的神圣职责与使命，灾异的发生乃是其政治过失所致，因此他应当为灾异的发生自觉地承担起罪责，并应采取一些政策性的调节措施以便积极应对和消除灾异。天子祭天及相关礼仪制度的问题亦在西汉晚期开始引起朝野上下的广泛关注和讨论，后来逐渐被确立为国家的一种最盛大和隆重的政治性和宗教性的典礼。

汉代以后，历朝历代的统治者都会举行隆重的祭天大典，并宣称自己的统治具有上奉天命的合法性或正当性，如首言“奉天承运，皇帝诏曰”成为了后来皇帝诏书的固定格式，而且每遇灾异的发生，统治者也会自省自诫。不过，在后世的演化过程中，这些都更主要的是变成了一种形式主义的政治文化现象，而恰恰是在上述政治文化信念的支撑下及其在政治生活实践中的形式主义宣示中，尽管王朝的衰败覆亡仍然不可避免，而且，大多是由于统治者的习于苟安或帝王置天命于不顾的骄恣所造成或导致的，乃至王朝统治的政治权力在历史上不断地更替而不可能在一家一姓的统系内部永久地传递下去，但帝王统治的神圣性和正当性却不断地被维持和强化着。

**4. 纲常名教**

儒学和儒教可以说是一种特别重视人际之间的伦理关系与道德规范的思想学说，而其核心便是纲常名教的观念。当然，这一观念有一个发展变化的历史过程。

相对来讲，先秦儒家有关人际关系的伦理道德观念要更加富有一种理想化的含义，即人与人之间或不同的人伦角色之间是一种彼此对待的对等性和相对性的权利义务关系。正像孔子所说的那样，君主要像君主的样子，臣下也要像臣下的样子；父亲要像父亲的样子，儿子也要像儿子的样子。每个人都担任着不同的一种或多种社会人伦角色，不同的人伦角色应遵循不同的名分的要求或道德行为的规范，如“父慈、子孝、兄良、弟弟、夫义、妇听、长惠、幼顺、君仁、臣忠”等。

在孔孟儒家看来，只要每个人各安其分，各守其责，各尽其事，依德循礼而行，如父子之间讲亲情，君臣之间讲道义，夫妻之间讲内外有别，长幼之间讲尊卑有序，朋友之间讲诚实守信，那么，就可以建立起一种“父子有亲，君臣有义，夫妇有别，长幼有序，朋友有信”的基本伦常秩序，乃至使整个社会都能够和谐安定。在他们看来，作为君主，你怎样对待你的臣民，你的臣民也就会怎样对待你。这是一种相对性的交互对待的关系，而绝不是一种只是要求臣民绝对地忠于和服从君主的关系。

有一次，在与齐宣王的交谈中，孟子专门告诉齐宣王的正是这样一个道理。他说：“如果君主看待臣下就像是看待自己的手足一样，那么臣下看待君主也就会像看待自己的腹心一样；如果君主看待臣下就像是看待犬马一样，那么臣下看待君主也就会像看待路人一样；如果君主看待臣下就像是看待泥土草芥一样，那么臣下看待君主也就会像看待敌寇仇人一样。”

不过，上述政治伦理观念在秦汉以后发生了根本性的改变，特别是自董仲舒依据阴阳五行、阳尊阴卑的理念提出了一套系统条贯化的纲常名教观念之后，父子君臣之间的父尊子卑、君尊臣卑和片面服从的关系理念逐渐取代或压倒了先儒的那种对等性地相互对待的关系理念，从而在儒教中国的时代成为了占据两千年之久的主导性的政治伦理观念。

所谓的纲常名教，也被称作是三纲五常之道，“三纲”是指君为臣纲、父为子纲和夫为妻纲，而“五常”是指仁、义、礼、智、信这五种美德。一般来讲，三纲的观念强调君权、父权和夫权尊于臣民、儿子和妻子的绝对权威，特别是那种“天下无不是底父母”、更“无不是底君主”的极端观念，在今人看来已没有什么值得肯定的价值；反之，五常的观念当中相对来讲却蕴涵着较多值得肯定的价值，从人们对五常之道的践行中可以演化出一种伦理文明的社会秩序。

自汉代以后，使人们信守和奉行上述三纲五常的观念便构成了儒家礼教、德教、名教的主要内容，也被认为是王朝统治者实施王道教化的根本目标。而且，随着儒术、儒教、儒学的独尊之势及其社会政治影响的不断强化与扩展，在有关儒教与王朝政权之间相互依存维护关系的关节点这一问题上，历代的儒家学者和王朝统治者达成了一个基本的文化政治的共识，那就是：儒家孔子之道为国家和人民之所必需的根本价值，就在于他那纲常名教的伦理学说；三纲五常之道是亘古至今不可易、万世常行而一日不可废的，它关系着生民的休戚与国家的治乱，是人君圣主赖以开太平之运的文化资本与思想根基。

不管我们今天如何认识和评价儒家的纲常名教这一政治伦理观念，它在帮助王朝统治者维护其政治统治方面却的确发挥了至关重要的历史作用。

**5. 忠孝治国**

与上述纲常名教的理念密切相关的，儒家政治伦理观念中还有一个更为简单明了的理念，即以忠孝治国。无论是儒家学者以扶植纲常、弘奖名教为己任，还是国家朝廷之所重莫过于正纲常、崇名教，其实又可凝练和归结为忠孝的观念。

孔子以仁为贵，主张以仁爱之心善待他人，在孔子的观念中，善待他人的仁爱之心又是本源或根基于孝亲的情感与态度的。另外，孔子还特别强调“忠信”的做人品格。孔子所谓的孝，主要指以礼事亲、尊敬父母、不违其道的意思；孔子所谓的忠，除了臣下在君主以礼相待的前提条件下而应忠于君主的意思之外，还有为官忠于职守、对人尽心竭力乃至立人达人的意思等。尔后，孔子弟子曾子及其后学孟子更加强调孝行、孝德的重要性，相传《孝经》一书即孔子为曾子陈孝道之书，而孟子“言必称尧舜”，并认为尧舜之道不过是孝悌而已，并说：“只要每个人都亲爱自己的父母、尊敬自己的兄长，那么，天下便可以治理太平了。”荀子更提出在奉行道义与顺从父亲或君主之间发生矛盾和冲突时应“从义不从父”“从道不从君”的行为准则。另外，在先秦儒家和《孝经》的孝道与忠君观念中，还有君父有过、臣子当谏诤的教义，并认为只有君有谏臣、父有争子，自己才不会陷于不义的境地；《孝经》中有专门讲“谏争”问题的一章内容，东汉学者马融仿《孝经》所作《忠经》一书亦有专门的一章内容讲“忠谏”的问题，并认为忠臣事奉君主，最首要或第一职责就是谏诤。这些都含有许多的合理因素，不同于后世主要是作为对身处卑位者的单方面的道德要求而一味地强调盲目地顺从君父意志的“愚忠愚孝”观。

两汉之世，孝的德行及《孝经》一书可以说是倍受儒家学者和统治者不遗余力地

推崇和表彰的时代，故有汉家“以孝治天下”的说法。那么，“孝”究竟受到了怎样的推崇和表彰呢？譬如，汉家帝王自惠帝之后，其谥号的前面皆冠以“孝”字，如孝惠、孝文、孝景、孝武等；而为了引导和教化人民奉行孝道，汉家统治者不仅“使天下诵《孝经》”，而且，在选官制度上还实行察举孝廉的措施。汉代以后，“举孝廉”虽然不再是一项选官的重要途径和方式，但统治者和儒家学者对孝行和《孝经》的推崇却一如既往，如谓“《孝经》一卷，人行之本”“读此一书，足为人行之本”“名教之极，其在兹乎”等。

自汉以来，历代的统治者和儒家学者又为何如此推崇孝行与《孝经》呢？这主要有两个方面的原因，一是认为“孝”为德行之本、百善之先，是一种出于“父慈子孝”“兄友弟恭”的家庭伦理情谊而上至天子、下至庶人都应奉行的天经地义的道德行为，正如辜鸿铭后来所言，孔教的力量之源就在于教人敬爱父母，因此，孝是一种其教民化民之功效最为深切著明的“至德要道”；二是认为孝亲之行与忠君之行在道理上可以相通，如所谓的“移忠作孝”或“求忠臣必于孝子之门”，当然，孝与忠并不是没有矛盾和冲突，有时一个人是忠孝难两全的，但总的来说，家庭的孝亲之子可以作为国家的忠君之臣的最佳模范，奉行孝道伦理的家庭也正是培养对君主的政治忠诚的天然的最佳场所。

正是由于上述两个方面的原因，所以在自汉以来的以儒为教的中国历史上，如鲁迅先生所说，统治者“向来总要取其一端，或者‘以孝治天下’，或者‘以忠诏天下’，而且又‘以贞节励天下’”。而究其实质，忠孝治国的文化政治理念，亦是与传统中国社会结构中最为重要而特殊的家族制度密切相关的，孝可以说是家族主义的灵魂，而由于家是传统中国社会结构的单元，同时也是其政治组织的基础，特别是传统中国的政治形态不过是“以一个家族作中心统治着所有的家族”，因此，孝亲与忠君、伦理教育与政治社会化过程乃至君主专制与家族主义实具有一种天然的一致性，而孝亦正是连接家庭、家族与国家的道德的结合点。

在教人忠孝的儒教理念与忠孝治国的文治方略的影响和熏陶下，中国历史上不知出现过多少的孝子忠臣、贞女烈士，他们对所谓的“忠孝节义”怀着满腔的宗教般的信仰情感，为儒教中国构筑了一道坚实而牢固的精神“万里长城”。如南宋名将岳飞，背刺“尽忠报国”四个大字，深入肤理，但不幸的

岳母刺字

是，却被奸相秦桧以“莫须有”的罪名诬陷致死，而忠烈被杀，正所谓“自坏汝万里长城！”

另如，元世祖忽必烈的一位功勋名臣廉希宪亦可谓是中国历史上的一位忠孝的典范。据史载，希宪笃好经史，手不释卷。有一天，他正在读《孟子》一书，世祖召其入宫，希宪便急忙把《孟子》揣在怀里进宫去觐见世祖。世祖询问希宪对于治国之道的看法，希宪便依照孟子有关性善、义利、仁暴的思想主张作答，世祖颇为赞赏，并称希宪为“廉孟子”。

正是这位“廉孟子”，不仅为人极尽孝道，而且“生平所愿”即是“输忠效力”。至元元年（1264），其母去世，希宪率领亲族为母亲举行古代的丧礼，自己一连三天都是滴水不饮，恸哭呕血而不能起，而且是寝卧于草土之上，庐居于母亲的墓旁。后来，父亲去世，亦是如此。而作为忠臣，希宪每次在朝廷之上和世祖的面前奏议国是政务，都是论事激切，义正辞严，直言极谏。

“为臣当忠，为子当孝”，希宪对这一儒教信念可谓是既坚信不疑而又躬身力行。所以，当世祖命令他接受释家戒律而信仰佛教时，希宪却婉言拒绝道：“臣已经接受孔子的戒律了。”世祖便问他：“孔子也有戒律吗？”希宪毫不犹豫地回答说：“为臣当忠，为子当孝，孔子之戒如是而已。”

显然，在希宪的心目中，像其他的宗教各有其信仰和戒律一样，忠孝也正是孔子之教的信仰与戒律。无怪乎现代的学者要将中国的文化或中国人的

"宗教"称之为"孝的文化"或"孝的宗教",或者是"忠诚教"了。而在儒教中国的时代,忠与孝正可谓是最受人们推崇和重视,为人们所普遍接受而具有纲领性和普世性意义的两大德行。

### 6. 教化与学校

上述儒教中国的文化政治理念亦可概括为"教化治国"四个字,因为就儒术、儒教和儒学所倡导的施政治国的方式方法及其所追求实现的政治目标来讲,都可以说是以教化为根本的。无论是教民以仁爱,还是教民以礼让;无论是教民以忠孝,还是教民以节义;无论是教民以诚信,还是教民以廉耻;无论是教民以纲常,还是教民以名教,所有这些都旨在以道德教化的手段以实现教民成德、化民成俗的目的。因此,德教为先、以德化民与教民成德、化民成俗实是属于一体两面、手段与目的相统一的问题。不过,在具体实施这一理念的过程中,王朝的统治者却可能利用道德教化的手段来实现其道德控制的目的以维护其专制统治。

如有的学者所说,"中国传统文化最伟大处就是讲教育",这话讲得很有道理,先秦儒学宗师孔、孟、荀等无不主张在富民基础上对人民施行道德的教化以化民成俗。在他们看来,教化、教育或教学乃是治国的根本途径或必由之路,如《礼记·学记》篇的作者所说,"玉不琢,不成器;人不学,不知道",所以统治者要想化民成俗就必须要以"教学为先"。汉儒董仲舒也认为,统治者不能仅仅依靠权势威力来理政治民，必须要运用教化的手段，所以他说，君主“南面而治天下”，没有“不以教化为大务”的，而且是“教化行而习俗美”。

东汉学者马融在《忠经·政理章》中对治国之道的不同方法和理念作过一个区分和评判。他认为，以德化民可以使人民每天都可以在不知不觉间迁善改过、修德向善而远离罪恶，这是最好最上等的治国理民之道；强制施行政令，让人民服从，人民只是不得不顺从向善而已，这属于中等的治国理民之道；用刑法来惩治罪犯，使人民畏惧而不敢为非作歹，这是最下等的治国理民之道。尽管统治者不会不愿也不可能完全放弃政制刑罚的统治方法和手段，但在儒教中国的时代，这种以德教为先、德化为上、崇尚教化的治国理念却始终被儒家学者和王朝统治者一直坚持和奉行着，并不断地在实施中得到了强化。

试以明清时期为例。

洪武五年（1372年），明太祖朱元璋曾下诏欲端正天下的礼仪风俗，据说他采取的具体措施，就是下令全国各地的每个乡村都要建造两个亭子，一个是“申明亭”，另一个是“旌善亭”。后者用于旌表一方乡土的好人善事，如将民间孝子、顺孙、义夫、节妇的名字及其善行义举，都要书于“旌善亭”中以示表彰。前者用于申明皇帝的圣旨教谕，如朱元璋曾亲自制定了一条“六谕”，即“孝顺父母，尊敬长上，和睦乡里，教训子孙，各安生理，毋作非为”，并下令要求每个乡村都要选派一个老人，手执木铎

（木舌的铜铃），于每月的初一、十五和每天的五更天天还亮的时候，站在乡村的通衢大路上，一边摇动木铎，一边大声朗诵“六谕”。据说，在每天的天将要放亮未明之际，也是夜气清明、人心明觉之时，正当此时，老人用诵读“六谕”之声猛然间把人们从睡梦中唤醒，人们忽然听到“六谕”的教诲，会如当头棒喝而豁然醒悟，乃至洗心革面而痛改前非、坚定意志而一心向善。

像朱元璋一样，清朝的统治者也十分重视教化的问题，故清世祖于顺治九年（1652年）二月“颁六谕卧碑文于天下”，“六谕”的内容也是“孝顺父母，恭敬长上，和睦乡里，教训子孙，各安生理，无作非为”。后来，康熙又加以补充，成为“上谕十六条”，即“敦孝弟以重人伦，笃宗族以昭雍睦，和乡党以息争讼，重农桑以足衣食，尚节俭以惜财用，隆学校以端士习，黜异端以崇正学，讲法律以儆愚顽，明礼让以厚风俗，务本业以定民志，训子弟以禁非为，息诬告以全善良，诫匿逃以免株连，完钱粮以省催科，联保甲以弭盗贼，解仇忿以重身命”；雍正更进一步详加阐释而成《御制圣谕广训》，颁行全国，务使天下百姓家喻户晓、遵照奉行。

另如康熙初年，一个名叫张沐的官员曾任直隶内黄知县，他为政施教重在以德化民，其具体措施就是令人民在自家门上各书“为善最乐”四字，用以自警。而且，撰著《六谕敷言》，使人人诵读学习，反复晓谕，即使妇孺闻之，也“莫不欣欣乡（向）善”。

除了崇尚教化之外，而由于学校与教化有着密不可分的关系，所以历代的儒家学者和王朝统治者也都在实施教化的同时格外重视学校的兴建问题。除了儒家学者私人设教授徒或创办书院之外，自汉代以后，王朝统治者还兴建可分为中央和地方两级的官办学校，以便崇兴和表彰儒术、教育和学习儒学、传播和弘扬儒教，并为官府培养和输送大量政治人才。如汉代，自武帝于建元五年（前135年）始置五经博士，并采纳董仲舒和公孙弘等人的建议，于元朔五年（前124年）“兴太学”而为博士官置弟子员，博士弟子经过考试，能够精通儒家经籍一艺以上者即可以补吏做官。此后，博士弟子员的名额由最初的50名不断增加，太学的规模也不断扩大，到

北京孔庙太学门

王莽时太学生已有数千人，乃至东汉后期太学生的数量竟多达三万余人。可以说，汉代的太学乃是当时儒术、儒教和儒学教育和传播的最重要的官方机构，它以儒家的经艺为教学的内容，“以民间子弟为主要教育对象”，其宗旨就是“励贤才、崇教化”。在地方上，一些循吏儒官也注重兴办学校而力行教化。

自汉以后，学校建设与儒学教育的问题也越来越受到后世统治者的重视，官办的学校教育制度日趋于完善。如洪武二年（1369年），明太祖朱元璋在诏书中曾说：“朕惟治国以教化为先，教化以学校为本”，因此，他下令不仅京师设置太学，而且地方郡县也都应兴立学校，延请师儒，教授生徒，讲论圣道，以便使人民能够受到广泛而普遍的教化。于是全国上下大建学校，史书中曾这样记载当时的盛况说：“盖无地而不设之学，无人而不纳之教。……此明代学校之盛，唐、宋以来所不及也。”显然，统治者重视和广兴学校的最为根本的目的就是要实施对人民的教化。所以清朝康熙帝在他亲自御撰的《学校论》中也这样说：“治天下者莫急于正人心厚风俗，其道尚在教化。……教化者为治之本，学校者教化之原。”

总之，在历代的儒家学者和王朝统治者看来，教化实为治国的根本要务，而学校正是教化的重要机关，因此，建置学校，崇兴教化，以实现化民成俗、构建和谐社会秩序的目标，便构成了他们最主要的文化政治关怀。毋庸讳言，统治者对人民的道德教化与对人民的思想控制和人身支配往往是纠结在一起的，不过，儒家所倡导的以人伦道德的教化为核心的文化性的政治目标，以及其等级性的社会和谐秩序的理想，在儒教中国的历史上，对于维护整个中华帝国的统治秩序、社会政治结构和文明样式的长期稳定性和悠久连续性，也的确发挥了决定性的影响作用。因此，所谓的儒教中国可以说是一种独特的中国形式的政教相维的政治形态、制度架构和文明样式，而专制王权、士大夫精英政治和儒教文明的基本理念交织在一起共同铸造了中华帝国的这一政治形态、制度架构和文明样式。

# 历史变革与政治斗争

## ——儒家形态的政治改革与党争运动



在历史的风云激荡和儒家政治文化的影响下，在儒教中国的历史上曾经发生过许多重要的政治改革和党争运动，透过它们的得失成败，可以让我们对儒家政治文化“可与守成，难与进取”的特点，对儒家士人精英阶层“铁肩担道义”的社会责任心、政治使命感与人文情怀及其政治困境，会有更进一步深入的了解。

### 一、王莽改制

王莽

王莽此人，包括其所行之事，可以说是西汉儒家政治文化创造的产物。王莽复古改制的政治实践及其得失成败留给了后人许多值得反思的问题。

西汉自汉武帝“罢黜百家，独尊儒术”以后，汉代儒家在政治信念和思想观念上可以说既秉承着先秦儒家的一些基本的理念，而又发生了一系列重要的变异。至西汉中后期，汉儒的政论不仅深受董仲舒天人感应和灾异谴告之说及先儒礼乐教化论的影响，而且，更命让贤、尊经复古、变法改制的思想主张也日趋于高涨，王莽的禅汉与复古改制正是在这样一种儒家政治文化思潮演进与变迁的趋势中发生和进行的。

有汉一代的儒学宗师董仲舒将战国时期的阴阳家学说引入儒学，提出天人感应论。他一方面肯定君权天授，即圣人受命而王，以论证汉家统治者是根据天命而建立其统治王朝的，但另一方面又认为，在汉承秦弊的情况下，有必要进行改制更化，以实现儒家的善治。另外，他还提出一套灾异谴告之说以警示统治者。

这种理论在今天看来可能视为迷信，然而当时的儒生却是虔诚地信奉，甚至敢于直接向皇帝建言退位让贤。汉昭帝时期，泰山地区有大石自立，昌邑也有土地庙的枯木复生，儒生眭弘就根据这些灾异上书说:“先师董仲舒说过，即使存在世袭的君主，也不会妨害圣人接受天命。汉朝是尧帝的后代，有传国让贤的先例。皇上应该派人求索天下贤人，然后禅让退位，以顺承天命。”无独有偶，汉宣帝时期，盖宽饶上书言事，在表示对当时的政治状况不满后，接着说：“五帝官天下，禅位于贤人；三代家天下，传位于子孙。这就像四季转换，使命结束就该离去，不是合宜的人选就不应该处于那个位子上。”意思是统治不力的汉帝应该退位让贤。眭弘和盖宽饶二人都因此等言论被诛，但汉家却不能完全杜绝这种事情的发生。汉成帝时期，谷永上书，指出天下是天下人的天下，而不是一个人的天下。帝王若穷奢极欲，不以德治国，那么上天就要授命于其他有德性的人了，也就是朝代将要更替。汉成帝读后，也很是感慨，并没有治谷永的罪，说明这时候禅位让贤思潮十分强大，统治者也是无可奈何，只能默认。

当然，这时候的儒家、儒学，仍然秉持着礼乐教化论，主张政治的功能即在兴礼乐，行教化，对于社会的不平等的政治经济状况——如贫富分化、赋税过重、土地兼并等都持批评态度，强调国家应该重农、重民。

王莽就是在这个背景下崭露头角，并最终“和平代汉”的。虽然王莽本身是外戚出身，但即使不考虑这一特殊背景，他实在是当时儒家乃至整个社会需要的理想人物。

王莽是汉元帝孝元皇后的侄子。孝元皇后的父亲和兄弟在元帝、成帝的时候皆封侯，共有九个侯、五大司马。但王莽的父亲却早死，因此并未获此殊荣。所以王莽虽为贵戚，实际上待遇却比其他王氏子弟要差。但王莽也不像他们那样骄奢淫逸，而是身穿儒服，不失书生本色，生活节俭，言行恭谨，颇有孝行，并以忠直闻名于世，受到当时人的称许。他的叔父成都侯甚至上书皇帝，表示愿意把自己的一部分封邑让出来给王莽，而一些颇有政治影响力的人物也极力在皇帝面前推荐王莽，王莽由此踏上历史政治舞台。

王莽是个颇有心计、极懂政治权谋的人物，他很快扳倒自己的竞争者，取得大司马的职衔。王莽在职位上获得满足后，知道政治生命的长短取决于社会名声。因此他更加克制自己的欲望，以追逐名誉。王莽不断结交当时权贵和名士，聘用贤良文学之士作为幕僚，自己获得的赏赐及封邑的收入都慷慨地用来奉养这些人，而自己却极为节俭。曾经有一次，王莽的母亲生病，公卿列侯都派自己的夫人去问候。王莽的妻子出来迎候，身穿的衣服很寒酸。那些珠光宝气的贵妇开始还以为是王莽家的仆役，一问之下才知竟是王莽夫人。

后来孝元皇后失势，累及王莽也失去权力，被赶回自己的封邑。然而，王莽的政治野心却没有因此而消沉，他继续沽名钓誉，以图东山再起。《汉书·王莽传》曾记载了这期间的一件事，我们可以看出王莽的政客作派：王莽的二儿子杀了一个奴隶，王莽严厉地责令其子自杀，以显示自己的大公无私。这件事被广泛宣扬，王莽由此被视为正义的化身，成为人们申诉冤屈的对象，而他也正因此重新获得皇帝征召，进入中央权力层。

随着权势的膨胀，王莽政治野心也越来越大。他直接授命，或者是由一些投机分子揣测他的意图，伪造了许多符命祥瑞，作为他的进身之阶。王莽先是授意益州官员，让居处益州边塞的蛮夷献上白雉，这一祥瑞被视为国泰民安的象征。群臣趁机向掌握实权的太后进言，盛赞王莽功德甚大，可比周公、霍光辅佐幼主的光辉事迹，因此应该给他加官晋爵。太后批准了大臣们的奏请，册封王莽为安汉公。

随着王莽政治地位和势力的稳固与扩张，皇室逐渐失去了对王莽和朝廷局势的控制力。

尽管乍看起来，王莽的为人很有儒家谦让的品德，应该值得称道。但是，这种谦让却是王莽以退为进的政治谋略。然而，在全面尊儒的时代，表面上的儒家面目足可为王莽赢得广泛的赞誉，他声望日隆，甚至整个朝廷乃至民间都在为王莽歌功颂德。可见王莽代汉，不仅因为此人精于权谋，也是一时风气所致。

王莽从白雉祥瑞中得到如此大的好处，使他充分认识到祥瑞的巨大功用，并逐渐产生谋取汉朝政权的野心。当时，武功县的孟通疏浚水井，打捞上一块白石，上有丹书云："告安汉公莽为皇帝。"王莽就让群臣出面告诉太后，太后认为这是诬罔之事，不可相信。这时有人对太后说："事已至此，无可奈何，阻止是不行的。王莽只是想摄政，加重自己的权力而已，并无篡逆之心。"于是太后便依照周公的事例，封王莽为摄政，称"摄皇帝""假皇帝"，离真皇帝仅有一步之遥。后来，梓潼人哀章见王莽摄政，就揣摩王莽意图，伪造了铜匮，言王莽为真命天子，汉家天下将传于王莽。王莽遂趁机登上皇帝宝座，改国号为"新"。

当然，仅有几个祥瑞符命造势是不够的，王莽还采取了其他手段。从理论上，他宣扬五德终始说，论证任何权力都不是永久的，必然会有更迭；在舆论上，他大力宣扬周公辅助成王的故事，不断加强自己的权力；他还不断宣称汉家刘氏是尧帝的后代，而自己王姓则是舜帝一脉，因此汉家禅让于王莽就像尧禅让于舜一样是名正言顺的。

这些手段，都是对儒家政治文化传统的“再造”或利用。既然王莽不仅靠天命祥瑞造势而起家，更是以儒家自居赢得人脉，因此，他登上皇位后，也只能按照当时儒家复古改制的主张来治国理政，如此才能维持自己取得政权的合法性。

王莽托古改制而实行的各种政策与措施，大体可分为政治和经济两方面。

政治上的改革，基本流于形式。改革的内容，首先是恢复周礼，实行分封制。他划定公、侯、伯、子、男五爵的封地食邑，以图重新确定政治秩序。但这个政策并没有实行下去，因为分封与专制制度的集权倾向是相违背的，王莽自然也不想削弱自己的权力，所以这一主张不过是收买人心的手段而已，有名无实，只是空头承诺。政治改革还有一项，就是依照儒家经典，对官吏和郡县的名称进行更改，并且十分频繁。可见这些改革根本未触及政治核心问题——如整顿吏治等，不过是一场闹剧而已。

王莽将重点放在经济改革上，其政策包括王田制、五均六管、废奴等。王莽认为，经济不平等主要是土地兼并造成的，而土地兼并又会导致许多人失去土地沦为奴隶。因此他决定实行王田制，就是将所有土地收归国有，然后恢复井田制，将土地平均分给耕作者，并下令禁止买卖土地和奴隶。

王莽钱印“大泉五十”

王莽认为，儒家典籍《周礼》有赊贷，《乐语》有五均，因此也设五均，实行政府借贷，并颁布六管之令。所谓的五均六管，主要内容包括加强盐、铁、酒的专卖权；对于盐、酒、铁、名山大泽所产、钱布铜冶等行业进行征税；设五均管理市场，在物价低的时候由国家收购，物价高的时候，国家就抛售，并提供政府借贷，以平衡市场。

王莽的经济政策还包括进行多次货币改革。初始，王莽造大钱，又造契刀、错刀，与以往流通的五铢钱并用。后来认为汉朝的“刘”（劉）姓里有“金”“刀”之形，就废止契刀、错刀和五铢钱，改用金、银、龟、贝、钱、布制作货币，称为“宝货”。其中黄金1品，银货分为2个品级，龟宝分为4个品级，贝货分为5个品级，大小钱分为6个品级，布货分为10个品级，共28品。钱货和布货都是用铜制作，有一定的规制要求。至于龟甲、贝壳等，也有一定的标准，达不到就不能作为货币。

这些政策出台后，给人们的生活制造了很大的麻烦和困扰。百姓仍私下里采用以往的五铢钱买卖。

王莽便下令，敢于非议井田制和携带五铢钱的都要流放。这使当时的工商业和百姓的生活遭到重创，市场上买卖停止。而因为买卖田宅、奴婢和铸钱获罪的人，从公卿大夫到普通百姓，不可胜数。王莽意识到政策的贻误与失败，只好废止了龟、贝、布的使用，只流通金、银、铜钱。

但王莽后来很快又重新推行龟、贝、布币，称为“货泉”，与大钱并行。为保证政策的推行，王莽实行严酷的法律。但由于犯罪的人实在太多，不得不修改刑法，减轻刑罚。这一方面导致大量财富流向社会上层，民间生活更为艰苦；另一方面，法律的严酷增加了官吏手中的权力，使得富人不能自保，贫者不能自存，往往落草为寇，加剧了社会矛盾，引发了此起彼伏的农民起义，王莽本人最终也被义兵分尸。

后世儒家对王莽的评价大约有两点：篡汉和复古。篡汉是说王莽窃取汉家天下，复古是说王莽泥古不化，改革失败。因此王莽实际上是一个大奸大恶而又很迂腐的形象。但近代以来，有学者又将他塑造成一个理想主义者和社会主义者，是一个追求儒家治世理想的勇士。

这些评价在今天看来，都有不妥之处。天下是天下人的天下，不是刘姓一家私产，自然是有德者居之，所以将王莽代汉定位为篡汉，不过是出于维护汉家正统和专制皇权的私心而已。

而不论是泥古不化还是理想主义，都只是表面现象。王莽必得托古改制，实在是汉代儒家政治文化思潮演进造成的结果，但他的言必称古、妄自造作更给自身的统治制造了许多的麻烦与困境。另外，王莽的禅汉，从好的方面说，这是儒家在世袭专制时代通过和平的方式对于政治改制或政权更换的一次有益探索；但从坏的方面说，他不仅借助于天命、符瑞与图谶的虚妄信仰为自己的禅汉铺路并取得了成功，而且禅汉之后的王莽仍不过是一位喜欢把持权力而妄自造作的专制帝王而已，因此，禅让并没有真正带来王朝政治生活的实质性改变。而后世的效仿者，无不披着禅让的外衣，表面上是政权的和平转移，实际上却加重了政治的虚伪性。



## 二、东汉末清议与党锢之祸

东汉末年的清议党人活动及其与宦官集团的斗争，是中国历史上影响十分久远的事件之一。

王莽改制的失败，并没有导致儒家退出历史舞台。相反，儒家文化更为蓬勃地发展着。这是因为，自汉武帝独尊儒术以来，崇儒已是一大风气，不可逆转。光武帝刘秀本人及其集团中的其他人，也多是儒生出身。刘秀上台后，主张以柔道治国，尊崇儒学，奖用儒生，大力提倡兴学教化，因此儒学的发展更为兴盛。

此外，察举与征辟制度的实行，使大批儒生以贤良文学、孝廉方正的名义被征召进入政府任职。而国家所设太学的规模也在不断扩张，自汉武帝为博士官置弟子五十名，到桓帝时，太学生已经达到了三万人；民间的大儒，也多开馆授徒，从学者动辄数百人以至上千数万人不等。

大批儒生聚居一地，自然免不了思想的交流。尤其太学生，由于身处京师，见到更多的上层社会的政治腐败和龌龊黑暗。他们开始关注时事，关心社会的实际问题，并高谈阔论，形成强大的舆论势力。这便是所谓的“清议”。清议的主要形式是品题，即对在朝、在野的重要人物用简短的语言作出准确的评价，从而形成公论。当时在太学生中流传有“天下楷模李元礼，不畏强御陈仲举”之语，是对当时儒生的领袖人物李膺、陈蕃的品评。这些人物往往与太学生和朝廷都有密切联系，因此影响力甚大。如《世说新语》记载，李膺风格清高，以儒家礼教为准绳评判天下是非，为当时推重。后进的儒生，若能受到他的接引，进入其厅堂，便被视为“登龙门”。而朝廷有重大决策，也会征询他们的意见。所以，清议在当时是一股不可轻视的政治力量。

与清议党人相对的，则是宦官集团。但宦官集团还有一个竞争者，那就是外戚。东汉的皇帝，很多都是童年即位，不能理政，因此多是母后临朝。而母后并不依靠皇室宗亲，而是依仗自己的宗族，即所谓的外戚。外戚把持朝政，往往十分跋扈，不将皇帝放在眼里。而皇帝不能与大臣交接，只能跟身边的宦官结交，依靠他们重新夺回权力。汉桓帝就是跟五个宦官密谋，终于除掉了外戚梁冀才夺回实权的。这五个宦官事后都被封侯，时称“五侯”。但宦官并不比外戚好多少，他们身处皇宫，对皇帝有莫大的影响力，从而趁机把持朝政，随意升降官员。他们还结党营私，唯利是图，鱼肉百姓。这些行为引起了清议党人的极度不满。

结党进行权力斗争始于汉桓帝时期。汉桓帝未当皇帝的时候，曾经跟随甘陵的周福学习，即帝位后便任命周福为尚书。而跟周福同郡的房植在朝廷中的势力也很大。乡人们给他们做谣说：“天下规矩房伯武，因师获印周仲进。”两家互相讥讽斗气，各拉拢朋党进行斗争，使甘陵分为南北两部分，由此开始有党人之说。

清议党人之所以获罪，正是因为宦官集团在皇帝那里将他们定性为朋党。实际上，清议党人势力庞大，甚至能够左右朝局，当然会引起统治者的猜忌和警惕。

而党锢之祸的导火索则是河内人张成善于根据风的变化占卜吉凶，他推算国家会实行大赦，就让儿子去杀人。当时李膺任河南尹，就很快将其缉拿。然而后来适逢国家大赦，张成等竟然有机会豁免。李膺气愤难当，就把张成等判处死刑斩杀了。

但是张成素与宦官有来往，而且桓帝对他的占卜之术也很信服。张成的弟子便上书诬告李膺等人资助太学里游学的书生，并跟各郡的生徒私下结交，互相扶持，形成朋党，在一起诽谤朝廷，惑乱风俗。

汉桓帝看后大怒，立刻布告天下，逮捕党人，把李膺等人关进大牢，受牵连的多达200余人。那些闻风而逃脱的，朝廷也悬赏缉拿。第二年，经尚书霍谞、城门校尉窦武联名上书，皇帝才暂且息怒，将李膺等人释放，贬为庶民，而且，他们被列入党人的名籍，在官府备案，禁锢终身，不得再为官。这便是第一次党锢之祸。

虽然李膺等人被罢官归农，但是其影响力反而更大。士人清议之风更盛，互相标榜气节，对天下名士赋以称号，有“三君”“八俊”“八顾”“八及”“八厨”之称。“君”指其人是当时的楷模，可为天下人效法。“俊”指其人为当世英杰。“顾”是说其人能以德行引导人向善。“及”则指其人能引导人向楷模学习。“厨”是说其人能以财货救人。当时人们在谈论陈蕃和李膺的排名时，不能定先后。有人便说：“陈蕃强于犯上直谏，李膺清正严明，能慑服不法的下级。相比之下，犯上困难，慑下容易。”于是将陈蕃列于“三君”之中，李膺则为“八俊”之首。

但是这些士君子并不是仅仅动口不动手。名列“三君”中的窦武和陈蕃在汉桓帝死后，决定除掉宦官集团，重新掌握朝廷大权。窦武是汉桓帝的岳丈，扶持12岁的汉灵帝即位，陈蕃则为太傅。二人虽然位高，但是权力却把持在宦官手里。这时桓帝时期的“五侯”大多已死，但是新起的曹节等宦官仍拥有十分强大的势力。

有一次上朝的时候，陈蕃暗地里对窦武表明心志，说：“中常侍曹节等人，自先帝时候便把持朝政，为祸国家百姓。若是不趁现在诛杀这些人，以后就难办了。”窦武也深以为然。于是二人便重新启用李膺等人，共同商定计策对付宦官。

后来，窦武、陈蕃终于掌握了宦官曹节等人的确切罪证，并上书奏报。但是有一个宦官事前偷看了窦武的奏疏，竟然发现自己也要被族诛，不禁破口大骂：“那些犯罪的宦官自然应该诛杀。但像我这样没犯罪的，为什么也要被诛杀？”于是便伪称窦武、陈蕃要上奏太后废帝另立，已犯了大逆之罪，并召集了一帮宦官商议对策。曹节等人听说这件事后十分震惊，就劫持了汉灵帝和太后，关闭了宫门，并传召窦武、陈蕃，企图将他们一举拿下。结果陈蕃反抗不成，被抓后受折磨而死，窦武则兵败自杀。

从此，宦官气焰更为嚣张，更加为所欲为。但他们也认识到清议党人对他们的威胁，必欲除之而后快。

在宦官侯览的授意下，名列“八及”之一的张俭被同乡朱并上书诬告，言张俭与其24个同乡互相赠以名号，形成朋党团体，阴谋危害社稷。汉灵帝下令逮捕张俭。而宦官曹节则趁机鼓动汉灵帝将以往的李膺等著名党人一并抓了起来，共有100多人身陷囹圄，并都死在狱中。其余受牵连被流放的，也达到六七百人。后来，事态进一步恶化，受牵连者扩大到党人的门生故吏和父子兄弟，只要是在位为官的，都免官禁锢，五族以内皆在此列。而朝廷大肆捕杀，也使党人出现分化，那些平日里有怨恨的，趁机互相揭发报复。所以，第二次党锢之祸，党人不仅惨遭屠戮，而且也逐步瓦解了。

但这场斗争，也代表儒家士大夫精神的崛起。虽然儒者产生已久，但是构成一个团体，并且形成一种整体的精神，则从东汉清议开始。清议党人以澄清天下为己任，指陈时弊，与危害社稷的宦官集团作斗争，威武不屈，舍身就义，表现了大无畏的献身精神，涌现出许多可歌可泣的事迹。

如“三君”之一的陈蕃，自15岁便胸怀“大丈夫处世，当扫除天下”的大志，出仕后清正廉明，不避强权。在诛灭宦官的计划暴露后，他不惧危难，以七十高龄，带领徒属作最后的搏击。李膺执法刚正不阿，所到之处，许多不法官员畏惧其威严，都望风弃官。第二次党锢之祸发生后，乡人劝他逃走，李膺却说：“国家有事，不能因为有困难而退让；犯了国法，也不能妄图逃脱刑罚，这是做臣子的气节。我已经60多岁了，死生有命，怎能逃走呢？”于是慷慨赴义。范滂其人，登车揽辔，慨然有澄清天下之志。他为官嫉恶如仇，凡是行为有违背孝悌之道，不遵行仁义的官员，都加以斥退，不愿与之共事。在第一次党锢之祸被抓后，狱吏要施以严刑，范滂见同狱者多病，便争先受刑。第二次党锢之祸，范滂知道不可逃脱，便主动到县衙就狱。县令素来敬佩范滂，想要放弃官职，与之一起逃亡。范滂说：“我死后，祸难就消除了，怎么能连累阁下，又使老妈受株连而流离失所呢！”范滂母亲与之诀别，也鼓励他说：“你如今能够与李膺等人齐名，死也没什么遗憾的了！”范滂跪而受教，拜别母亲。行人见之，都感动得流泪。而范滂就义时，年仅33岁。

孟子言：“天下有道，则以道养身；天下无道，则以身殉道。”东汉清议党人这种舍生取义、杀身成仁的殉道精神和威武不屈的大丈夫气节，深深地影响了当时的人们。如侍御史景毅的儿子为李膺的门徒，但是尚未登记名册，所以李膺出事后没有受到牵连，但是景毅却慨然说道：“我原本因李膺是贤者才让自己的儿子去跟他学习的，现在虽然罪罚遗漏了我，但我怎能苟安于世？”于是景毅自己上书表明与李膺的关系，主动辞官回家，这一义行受到人们的称颂。

这种精神的影响也是深远的，如宋代范仲淹所表现出的“先天下之忧而忧，后天下之乐而乐”的精神品格，至清末林则徐所表现出的“苟利国家生死以，岂因祸福避趋之”的人格风范，都是一脉相承的，成为历代士大夫的风骨写照。

王安石

## 三、王安石变法

王安石变法是历史上很有名的儒家政治家主持的变法运动，但同时却也遭到儒家人物的强烈反对。

王安石是北宋时期的政治家。北宋王朝的问题主要表现为“三冗”。所谓三冗，包括冗兵、冗官、冗费。

三冗之一是冗兵。北宋承唐末藩镇及五代战乱，军队势力十分强大，加之边境一直存在忧患，因此宋太祖建国之后，不仅不能裁减军队，相反，军队数量一直在不断扩大。到宋英宗的时候，兵力已由最初的20万达到了116万余。且宋代兵制，实行招募之法。募兵实行终身制，一切皆由国家供养。但募兵只有一二十年具有战斗力，其余时间则游手好闲而已，因此国家闲置了大量的劳动力。募兵之外还有乡兵，即从民间抽取丁壮从军，使军队数量大为增加，而且也对生产造成破坏。所以冗兵实在是宋朝的一大痼疾。

三冗之二是冗官。宋代吸取唐末和五代军阀割据的教训，改用文臣来压制武将，并定下家法，不杀大臣及言事者。所以宋代大力发展科举制，不断增加录取名额，因此文教科举之风日盛，仅在宋太宗淳化年间，一次科举应试者竟达17300人，其范围遍及全国，而且后来又规定凡是能进入殿试的考生皆予以通过。大批考生获得功名，国家的职位却是有一定限额的。为了解决这个问题，宋代创新官制，官名与职务相分离。拥有实际职位和权力的称为职事官，而有官名却无实权的称为寄禄官。寄禄官的设立，大大扩展了官员的数量，但他们只拿俸禄，却不办事，除非国家有所专职委派或转为职事官，实际上就是一批闲人。宋代还实行恩荫制度，即逢到国家大典或者其他重大情况，朝廷对于有功之臣实行推恩封荫，将他们的子孙、亲族、门客赐以官爵、俸禄，推算下来，每年受恩荫者可达数百人。如北宋开国名将曹彬死后，朝廷对其亲族、门客等赐官达20余人，宰相王旦死后，亦恩荫20余人。这些人非科举或武将出身，多是养尊处优的纨绔子弟，素质往往十分低下。

再说冗费。有冗兵、冗官，自然便产生冗费。那时候的军队，除了兵饷外，每逢大典还能得到国家额外的赏赐。军队数量如此之大，其耗费可想而知。而宋代不仅扩大了官员数量，对待官员也甚为优渥，俸禄十分优厚，并有增无减。并且，国家对待文官要比武官好得多，武官能在国家大典时受到赏赐，文官自不例外，而且更为丰厚。清代学者赵翼曾感慨地说："恩惠遍及百官，唯恐有所不足；钱财取于万民，一点也不剩余。"这就是说，当时财政的绝大部分都用作官费。此外，当时僧道盛行，国家经常出资建庙修院，举行宗教活动，耗费巨大。僧道再加上皇室生活奢侈，国家财政自然异常吃紧。

宋代三冗加上周边国家的威胁，内忧外患，改革已是势在必行。而统治者自身对此实际上也有清醒的认识。在王安石变法之前，便有宋仁宗任用范仲淹为相实行庆历新政。

宋仁宗之时，北宋多次与辽国和西夏交战，国家财政达到崩溃的边缘。宋仁宗锐意改革，曾多次向大臣们询问治国良策。范仲淹因此提出十项改革措施。第一是明确官吏的黜陟制度，官员职位根据政绩升降；第二是抑制侥幸，严格恩荫之法；第三是改革科举，选取良才；第四是改革官吏任用制度，选取有能力的官员任职；第五是均衡地方官的职田收入，使之能够自养，减少贪污腐败；第六是鼓励农桑，兴修水利；第七是整顿军备，增强军事实力；第八是朝廷推行恩信政策，官员必须严格执行；第九是严肃法制政令，不能随意更改；第十是减少徭役，增加生产。

范仲淹的这十条改革措施，有本有末，基于现实而改动不大，还是比较中肯的。前五条澄清吏治，可谓抓住了改革的关键：吏治不清，改革无从谈起。第八第九条则是严肃法制，使中央的命令得以顺利推行。第六第七第八条则是富国强兵之策。所以这个改革蓝本是比较周全，也切合实际的。

随后，富弼、欧阳修等重臣也上书提出自己的改革建议。宋仁宗采纳了范仲淹等人的建议，开始进行改革，史称“庆历新政”。

但是新政很快就不了了之。这是因为宋仁宗太过急切，范仲淹等人亦未有充分准备，改革便匆匆展开，自然产生诸多问题。而且社会也缺乏一个反应期，官吏们人心惶惶，不能安心推行新政。而反对派则罗织罪名，诬告范仲淹等结成朋党，阴谋废立皇帝，这引起皇帝和范仲淹等改革派大臣的不安，范仲淹、富弼等改革中坚不得不先后自请外调，随后也一再被降职。庆历五年，宋仁宗宣布废止所有新法，庆历新政遂以失败告终。

庆历新政既然失败，问题则依然存在，这便有了后来的王安石变法。

王安石是一个很聪明的人，读书过目不忘，文章也写得很好，因此受到曾巩、欧阳修等人的赏识。而且他有很强的行政能力和改革精神。在做鄞县知县的时候，他兴修水利，造福一方；还在青黄不接的时候向民众借贷谷物，并收取一定的利息，大大方便了当地百姓。由于政绩卓著，时任宰相的文彦博甚至向皇帝建言破格提拔王安石，以激励其他官员。

王安石立论高奇，辩才出众，十分自负，做事不喜他人干涉，常怀改变弊政、移风易俗的雄心壮志。他曾向宋仁宗上万言书，认为国家财政日益穷困，风俗日益败坏，原因在于民众不知道法度，政府不效法先王的政令。效法先王之政，就是效法先王治理的用意。在这个前提下进行改革，就不会使天下过于骚动。自古以来的太平治世，都是利用整个国家的人力物力来生产财富，然后征收天下的财富来供给国家的支出，因此从来没有财富不足的忧患，值得忧患的只是理财不得其法。如果官吏才干不足，而民间又缺乏可用之才，那么国家就危险了。所以国家应该改革因循守旧的弊政，以合乎时势的变化。王安石做宰相后实行的改革，基本是依据这个思路进行的。

后来王安石进入中央，跟宋神宗初次见面时，神宗问他治国应首先注重什么问题。王安石回答说应该以选择治理手段为先。

神宗又问："唐太宗这个人怎么样？你如何评价？"

王安石说："陛下应该效法尧舜，何必在意唐太宗？尧舜的治理方法，简单而不繁杂，扼要而不迂阔，简易而不困难。只是后世学者不能领会，以为高不可及而已。"

从这段对话中，我们可以看出王安石的改革理念仍然倾向于托古改革。虽然尧舜是儒家推崇的圣王，但是上古之世毕竟不同于专制天下。唐宋相距不远，社会状况更为相似，因此宋神宗向唐太宗学习是明智的选择。而王安石却认为一定要直接效法尧舜，除去他要以夸大之语激励神宗变法的考虑外，也预示着王安石变法必定是剧烈的，也是脱离实际的。

后来，王安石官拜参知政事。神宗对他说："别人都不了解你，以为你只知道一些经术学问，却不通晓实际政事。"

王安石回答说："经术就是用来处理实际事务的，只是后世那些所谓的儒者，大多都是庸人，所以认为经术不能用在时事上。"

神宗问："那么让你通经致用，你会先怎么做呢？"

王安石回答说："改变风俗，确立法度，这正是当今最为紧要的事务。"

神宗认同了王安石的见解，于是设置三司条例司，让他和判知枢密院事官陈升之共同主持。王安石又让亲信吕惠卿参与其事，相继出台了农田水利法、青苗法、均输法、保甲法、免役法、市易法、保马法、方田法等，又向全国派遣了40多名提举官监督新法的推行。变法运动轰轰烈烈地展开了。

所谓青苗法，就是国家在夏秋两季收获前以平时的价格借贷给农民现钱或粮食，待收获后加十分之二的利息归还。

均输法，就是扩大发运使的职权，使之掌管东南六路的赋税、籴买和上贡物品等，并有权掌握京城库存状况，按照徙贵就贱、用近易远的原则从便征购储存。

保甲法，就是乡村居民，十家为一保。凡是家有两个成年男子的，出一人为保丁。保丁在农闲时进行军事训练，夜间则承担巡逻的职责。

免役法，就是将原来的差役改为雇役。即由有差役之责的住户按照自身的等级向政府缴纳钱财，再由政府雇人服役，这样即使原来不承担差役的住户也要缴纳，称为助役钱。

市易法，就是政府以平价收购市场上的滞销货物，在物价上涨时卖出，以平抑物价。并允许商人向政府赊贷，但需以田宅或财物抵押，并收取十分之二的利息。

保马法，就是有愿意养马的农户，由国家提供马匹，或者国家提供购马的资金，每年由政府检查马的饲养情况，有生病死亡的，农户就得赔偿。

方田法，即以东西南北各一千步为一方，由政府根据土地肥瘠划定等级，并确定收税数额。

这些法令虽然取得了一些效果，却也产生很大的问题。由政府干预经济的做法，虽然能对经济调节起到一些作用，但是王安石却忽视了，官员也是有私心的，而且在专制体制下，官员腐败不可避免。比如青苗法，名为政府借贷，经过地方官员的“运作”，实际上与发放高利贷相差无几。官员们为了谋利，无所不用其极。首先一个方法是摊派，逼迫农民向政府借贷。其次是随意提高借贷利率，使百姓不堪其苦。其余均输法、市易法等更是加重了官府对民间的盘剥。

而且这些政策从其初衷而言，也并不能达到预期的效果。比如保马法，虽然可以扩大养马的规模，但是农户饲养之法各异，并不能保证马匹的质量。保丁法名为增强军事实力，实际上并不能训练出合格的士兵，而保丁一旦落草为寇却又难以应付。所以宋代的民变很多，并且难以平定。

新法弊端重重，而且王安石还犯了一个致命错误，就是所用非人，尤其是误用吕惠卿等人。吕惠卿是王安石变法的中坚，变法初期，事无大小，王安石必与之相谋，并且有关变法的奏章，王安石都交与吕惠卿起草。王安石甚至向皇帝说，吕惠卿的贤能，是前世儒者不能相比的，能够学习先王之道并致以实用的，只有吕惠卿一人而已，可见王安石对他是多么器重。然而，就是这个人，最后背叛了王安石。吕惠卿为了把持朝政，趁着王安石第一次被罢相，就陷害王安石的弟弟，而且凡是能够陷害王安石的手段，无所不用其极，想把王安石一举扳倒。从此两人交恶。王安石复相后，吕惠卿还将王安石给他的写有“不要使皇上知道”字句的私人信件向皇帝告发，离间了王安石与皇帝的关系，使皇帝失去对他的信任，这也是导致变法失败的重要原因。

虽然，吕惠卿早就被司马光、苏辙等士君子视为小人，然而王安石仍与之为伍，这不仅仅是因为与司马光等反对派斗争的需要，也与王安石本人的性格有很大关系。王安石有一句话，可以作为他性格的写照：“天变不足畏，祖宗不足法，人言不足恤。”这句话既可以认为表明了王安石变法的决心，但也未尝不可以说是他刚愎自用的体现。

司马光、欧阳修、文彦博、程颢等有影响力的大臣和鸿儒在开始都很赏识王安石，并且支持他变法。这是因为宋朝的确积弊甚深，皇室和大臣都认识到这一点，所以对变法还是存在一个共识的，仁宗主动要求范仲淹变法已经证明了这一点。但在变法过程中出现问题后，这些人向王安石本人及皇帝提出一些意见和建议，都被王安石视为反对变法，从而加以拒斥和排挤。其中我们熟悉的，苏轼便是因为对变法提出点不同意见而被一贬再贬。其实，这些人只是反对新法中的某一项或某几项，所要求的只是修改或废止而已，并非凡是新法都加以反对，如欧阳修认为青苗法害民，请求朝廷废止，便被王安石极力诋毁，害得他要告老还乡。王安石的这种做法，引起众多大臣的不满，可以说，王安石除了吕惠卿及地方上能通过变法获利的官员支持外，在朝中已是孤家寡人。而且，不同于范仲淹变法被当时视为小人的官吏诋毁，王安石却是被当时的众多儒家士君子反对。

儒家士君子一致反对变法，而宋朝皇室亦有尊重士大夫的家法传统，此时连太后也出面向支持王安石变法的宋神宗哭诉："王安石祸乱天下！"从而动摇了宋神宗的决心，使王安石失去最有力的支持，变法运动最终失败。

## 四、东林党社运动

东林党社运动是东汉党锢以后又一次影响较大的儒生议政运动。

东林是一个书院的名称。东林书院坐落于顾宪成的家乡无锡，是宋代理学家杨时讲学之处。万历三十二年（1604年），顾宪成与弟弟顾允成倡导重修东林书院，得到常州知府欧阳东凤和无锡知县林宰的出资支持，终于修复。此后，顾宪成与志同道合的高攀龙、钱一本等讲学其中，又往往议论朝政，评论政治人物。东林党主要由一些在野或下野的士大夫组成，朝中也有不少官员激赏和支持他们的做法，与之遥相呼应，因此影响力甚大。

"东林旧迹"牌坊，（建于明代，位于无锡市）

顾宪成在东林书院题联道："风声雨声读书声，声声入耳；家事国事天下事，事事关心。"这既可看作他们以天下为己任的士大夫精神，却也是要与他们不满意的现实，尤其是当时的政治宣战的口号。所以，支持他们的人很多，但是忌恨者也很多。

东林党人的学术，以程朱理学为宗，力辟王守仁"无善无恶心之体"之说。他们认为，王守仁的心学已趋于末流，成为只谈玄虚、不讲实用的禅学，必须加以反对和摒弃。因此，东林党人提倡经世致用的实学，他们通过议论朝政、针砭时弊来鼓舞士气，并通过实际的行动参与当时的政治。东林之名虽起于顾宪成在东林书院讲学，但是他们的活动则早已开始。

东林党参与的重大政治事件首先当数"争国本"。所谓国本，就是皇帝立储问题。事情源于明神宗万历皇帝不喜爱宫女所生的皇长子朱常洛，而想立郑贵妃所生的三皇子为储君。这一企图被大臣们觉察，纷纷上书请求神宗遵守立储以长幼为序的祖宗家法，尽快立常洛为太子。这一举动引起明神宗的反感。需知自宋以来，通过科举考试和三省六部官僚体制的完善，士大夫的影响力越来越大，不可避免的对皇帝形成约束。明神宗自小受张居正的“监护”，自然深知这股势力的庞大，却又无可奈何，只好消极怠工，几十年不上朝。这次士大夫与之争国本，他就打起持久战，以各种理由推搪拖延，甚至想出“三王并封”的法子，将朱常洛、皇三子及另一位皇子一起封王，实际是将皇三子提高到与皇长子一样的地位，废长立幼的意图十分明显。时任首辅的王锡爵支持了神宗这一做法，立刻遭到士大夫们的激烈反对。顾宪成上书指出，长子为太子，诸子为藩王，这是合情合理的做法，三王并封违背常理，必然会带来后患。顾允成也上书言道，天下事不能由一家私议决定，皇长子与诸子一样封王，祖宗未有先例，这是皇帝及首辅不能独断的。钱一本则直接批评神宗一再拖延立储，是不顾国本动摇，天下将由此危乱。在东林党人为首的士大夫官僚阶层的斗争之下，加上皇太后的干预，明神宗最终妥协，无奈地册立常洛为太子。

东林党人参与的第二大党争事件是反对明神宗派遣矿监税使搜刮民财的斗争。万历年间，为增加国库及皇室的收入，明神宗派遣宦官担任的矿监税使到各地开矿收税。这些宦官以皇帝的代表自居，到地方后作威作福，压榨欺凌百姓，不仅使民间生活更加艰苦，还激化了朝廷与百姓的矛盾，引发各地民变。

东林党人面对民生疾苦，不断向神宗上书，揭露矿监税使的暴虐行径，请求皇上停止这项政策。如东林党人李三才，曾经数次上书，言辞恳切，读者为之流泪。他指出，皇帝喜爱珠玉，民众也想获得温饱；皇帝宠爱子孙，民众也喜爱妻子儿女。但是皇帝却想聚敛天下财富，不让小民享受一点利益；又想保持万世基业，却不让小民得到一点欢愉。皇上派遣的矿监税使肆虐民间，使得民不堪命，已经没法活了。不仅如此，李三才还大胆批评明神宗这样做，实际是出于对财货的贪婪之心，因此请求他去除利欲之心，罢免矿税。他还警告神宗皇帝，罢免矿监税使关乎社稷存亡，一旦导致大规模民变，即使皇帝有无数的黄金珠玉，到时候也守不住。东林党人反对矿监税使的斗争，是士大夫对皇权专制的限制，代表了广大人民的利益和愿望。

东林党人参与的第三大党争事件是与宦官魏忠贤的斗争。魏忠贤初入宫得到太监王安的庇护，后来认识了明熹宗朱由校的奶妈客氏，遂狼狈为奸。魏忠贤也因此得以讨得熹宗的欢心，尽管他不识字，在熹宗登位后仍由于客氏的游说晋升为司礼监秉笔太监。

开始的时候，东林党人邹元标、赵南星、高攀龙等还在朝廷中处于高位，力持清议，因此魏忠贤尚受到压制。但明熹宗生性机巧，喜欢做斧锯油漆的活计，并且十分痴迷，经常废寝忘食。魏忠贤就趁机把持了朝政，并得以恣意妄为。

当时朝廷中派系林立，除东林党外，还有浙党、齐党、楚党等，这些党派多反对东林党，因此争相依附魏忠贤，成为他的爪牙，有五虎、五彪、十狗、十孩、四十孙之称。魏忠贤得到这些人的支持，加上皇帝和客氏的庇护，遂无法无天，自称九千岁，还在民间大造生祠，天启年间，他还在太学的旁边建立生祠，其祀礼竟然如圣人孔子一般。

面对魏忠贤的淫威，东林党人视死如归，坚持与之抗争。如杨涟上书皇帝，条列了魏忠贤的24条大罪，请求皇上将他治罪正法。许多东林党人也纷纷上书，支持杨涟的行为。

但是魏忠贤的势力已经不可撼动。凡是有敢于上书弹劾他的，立刻被廷杖打死。赵南星、高攀龙等东林党的主要人物，亦多被罢官。不仅如此，魏忠贤还大兴诏狱，将东林党的领袖人物一个个迫害致死。魏忠贤还编造《东林党人榜》，将东林党定为邪党，在天启六年兴起“东林七君子”之狱，将东林党的七个重要人物逮捕入狱，其中除高攀龙在逮捕前投河自尽外，其余皆在诏狱中被折磨致死。魏忠贤等还下令禁毁天下书院，东林书院也被限期拆毁。东林运动一时陷于低潮，直到崇祯皇帝上台，魏忠贤集团覆灭后，才又有所抬头。

东林之后，则有号称“小东林”的复社继续活动，影响也较大。复社是江南文人所结成的团体，他们不仅以文会友，更讨论时政，提倡经世致用之学。明末大儒黄宗羲、顾炎武等都曾参加过复社活动。复社活动可以说是东林运动的延续。

明代中后期风起云涌的党社运动，可以说既是明朝末年政治生活中的一个重要特征和新的因素，同时也是整个中华政治文明史上的一大闪光点。东林党人以儒家思想为指导，参与时政，与当时的邪恶势力作斗争，体现了富有政治良知的传统儒家士大夫身上非常可贵的正义感及其义勇可嘉的政治批评抗议精神，正如黄宗羲所评价的那样："忠义之盛，度越前代。……一堂师友，冷风热血洗涤乾坤。"

## 五、晚清维新变法运动

康有为

明亡清兴之后，儒生士人受到了极为严密的政治控制，直到清末才又兴起由儒家士大夫领导的维新变法运动。可以说，晚清维新变法运动是传统儒家士大夫领导的最后一次较大规模的政治改革运动。

这场运动是因儒家代表人物康有为等人的倡导而兴起。康有为出身于官僚家庭，自小研习宋明理学，又师从当时的大儒朱次琦，博涉经史，尤好公羊学。1879年，康有为游历香港，又阅读了《海国图志》《瀛寰志略》等介绍西学的书籍，遂大开眼界。1882年，康有为进京参加科举考试不第，在回乡途中路过上海，期间阅读大量的西学著作，对西方的文物制度有了了解，由此产生变法图强之念。1888年，康有为上书光绪帝，痛陈时弊，请求变法，但因大臣阻挠而未上达。

1891年，康有为在广州兴办万木草堂，宣讲西学，梁启超亦慕名而来，拜其为师。为了给变法造势，康有为还陆续撰著发表了《新学伪经考》和《孔子改制考》等书，掀起了学术思想界的一场大飓风、大地震。

1895年，甲午战争失败后，清政府要与日本签订丧权辱国的《马关条约》。正在北京准备会试的康有为听到这一消息，连夜起草了一份万言书，并在梁启超等人的协助下，联合各省参加会试的举子1300多人联名上书请愿，要求拒绝和谈，主张迁都、练兵、变法。这一事件，史称"公车上书"。

同年，康有为又上书光绪帝，光绪帝看到后十分赞许，下令将奏折誊录存放，以备查询。后来康有为又上书请求光绪帝向群臣立誓变法，开制度局以商讨新政，又设法律等局作为执行新政的机构，皇帝都命令下发总理衙门商议。

1898年1月，光绪帝命康有为将其变法思想具折呈奏，康有为上《应诏统筹全局折》，阐明了自己的变法思想，又进献自己所著的《日本明治变政考》和《俄罗斯大彼得变政记》，以日本明治皇帝和俄罗斯彼得大帝变法图强的事例来激励光绪帝变法。

在维新派的推动下，1898年6月11日，光绪帝发布《定国是诏》，表明变法的决心，维新变法由此正式开始。不过，直到6月16日，康有为和光绪帝才第一次见面。

光绪皇帝根据康有为等人的建议，颁布了一系列变法诏书。其主要内容有：

经济上，设立农工商局，保护商业、农业，鼓励开办实业；奖励创造发明；设立路矿局，修筑铁路，开采矿藏；举办邮政，废除驿站；改革财政，编制国家预算；组织商会等。

政治上，改革行政机构，裁汰冗员；广开言路，允许士民上书言事。

军事上，裁汰绿营，力行保甲；编练新军，军队改用洋枪，改习洋操；增设海军。

文教上，废除八股，改试策论；取消书院，改办学校；创办京师大学堂，各地普遍设立中小学，兼习中西学科；设立译书局，翻译外国书籍；派遣留学生；允许自由创办报纸、学会。

为了推行新法，光绪帝很快召见并提拔侍读杨锐、中书林旭、主事刘光第、知府谭嗣同参与新政。

但变法运动遭到守旧派的反对。地方督抚中，只有湖南督抚陈宝箴一人支持变法，按照诏令执行新政。所以，新法在很大程度上只是一纸空文而已。

新法骤起，人心惶惶，当时京城里盛传光绪帝要用军队包围颐和园以劫持太后。而光绪帝也密谕杨锐等维新人物商议对策，其中有“朕的皇位即将不保”之语。由于反对派实力庞大，变法运动很快失败。1898年9月21日，慈禧太后垂帘听政，宣布戒严，幽禁了光绪帝，并下旨废除新政，搜捕维新党人。至此，坚持了103天的维新运动遂告失败，若以光绪与康有为见面为变法运动的开始，则仅有98天。此后，谭嗣同、杨锐等“戊戌六君子”慷慨就义，康梁等人则逃亡海外。

维新变法是儒家士大夫倡导的具有近代意义的变法运动。但这场运动同以往的儒家政治运动一样，以失败告终。维新变法虽然失败了，但其历史影响却是深远的，如在变法过程中，康梁等人为宣传变法，在各地组织学会，创办报纸，传播西方思想，对当时的社会起到了思想启蒙的重要作用。

**小结：**历史是一个变动不居、不断进行着新陈代谢的进程，其间既有激流勇进，亦有回潮逆流。当人们希望通过自觉地参与行动推进或阻碍历史的进程、调整或改变历史的航向时，所谓的“改革”或“变法”，也就不可避免了。变法、改制或“改革”可以说是历史的变迁和演进历程中不可避免的重要现象之一。当然，在特定的历史时期，由于人们所处的现实生活环境不同，通过“改革”所欲实现和达到的目标有异，“改革”的范围、深度和成效有别，因此，“改革”的历史意义及其成败也是大为不同的。

在儒教中国的历史上，既有以“托古”的名义行“改革”之实者，也有以“改革”的名义实现“复古”的目的者。历史上的“改革”，既有成功的经验，也有失败的教训；通过“改革”，既可以促进社会的改良，甚至带来深刻的社会革命，也可能制造混乱，造成社会的震荡和失序乃至历史的倒退。历史上的“改革”，或是片面追求实现“富国强兵”的目标，或是仅仅修修补补以图稳固统治阶级的政治统治；历史上的“改革”，或因理想太高、复古太甚，或因变之太骤、阻力太大，而导致失败；历史上的“改革”，主要依靠专制君主或帝王来推行实施，不管统治者偏于法家的刑治，还是偏于儒家的德治，而“改革”的成果却大多都是由统治阶级所享有的。拉长或放宽历史的或看问题的视角，审视和反思历史上的“改革”，可以使我们获得许多重要的启示，使我们能够更理性地看待“改革”，乃至满怀信心和充满希望地、合理地预期未来。

除了政治方面的改革之外，历史上的残酷党争及其悲剧性的结局也留给了我们许多值得深思的教训，党争可以说是传统中国政治生活中的一大顽疾。历史上的专制君主无疑是厌恶和排斥党争的，但利益立场的差别和政见上的不同又使党争不可避免。而且，在传统党争之中，无论是正人君子与奸邪小人两派的斗争，还是正人君子与正人君子之间的政治分歧，由于不承认政治上有“忠诚的反对派”，不承认政治上的反对派有其合法的地位，所以最终都会演成一种不同党派之间水火不容、势不两立而党同伐异的残酷政治斗争格局，其结果只能是导致两败俱伤的悲剧性结局。这不仅是由参与党争的两派政治人格上的共同的弱点与缺陷所导致，而且，问题的根本症结更主要的还在于专制体制下缺乏一种公开而合法的政治斗争的渠道和途径。

因此，围绕着革故鼎新的变法或改革的问题，往往会形成维护和反对变法或改革的新旧党争，宋代的王安石变法和晚清的戊戌变法运动所遭受到的挫折与失败，与这种新旧党争便有着密切的关系。而如东汉末的清议运动和明末的东林党争运动，除了宦官、阉党一派的可恶与可憎之外，清议党人和东林党人一派也暴露出了一些自身的固有缺陷与弱点。他们进行清议或参与党争活动，虽然目的不在营求私利，但他们以清流自居，高扬儒家修齐治平的理想与旗帜，坚守儒家的君子小人之辨，自视为君子，并站在道德义愤的立场上将对立面的一切人都贬为小人，以与政治上的异己力量相抗争和作斗争。毋庸讳言，这一做法忽视了团结一切可以团结的政治力量来反抗专制暴政的策略运用，无形中也为自己制造了很多对立的敌人，譬如东林党与齐楚浙诸党两派之间都利用京察的机会来排斥异己，扩张自己的势力，便掺杂了许多的意气之争。所谓京察，就是对在京官员进行考核，以决定其职位升降。东林党人以整顿吏治、澄清官场为名，利用掌握京察的权力对其他诸党实行打击，这往往遭到对方的反扑，东林党也损失惨重。正因为如此，历史上的党争并没有也不可能带来政治文明的真正进步。

# 政制与科举

## ——制度化的儒家政治文化

儒家关切政治，具有一种强烈的入世精神与从政情怀。入仕从政以造福人类社群，实现其经世济民的抱负与理想，可以说是儒家士人精英群体的永恒追求。然而，他们要参与政治，就不得不面对专制皇权的政治霸权及其设置的功名利禄的诱引，并只能在帝制中国的制度架构下来作出自身的不懈努力。他们希望借助于帝王的权势来造福社会，但"做官夺人志"，他们生存在专制皇权的政治霸权之下，难免会沦为专制帝王的御用工具；他们参与架构并不断完善着儒生士人的仕进制度，但能够进入仕途并真正能够依照儒家的信念来发挥政治作用、实现其理想与抱负的人，毕竟是少数，正如16世纪已流行着的一种说法所告诉我们的那样："士而成功也十之一，贾而成功也十之九。"

不过，在儒教中国的历史上，不管儒生士人在仕途上的个人际遇与政治命运如何，但作为一个富有教养的知识与政治的精英群体，作为政治参与者的政治文化角色，他们大量地参与到官员的队伍行列中去，对于儒家文化价值的维系与传播，对于官员队伍构成的合理化，对于治国理民之道的完善化，以及对于社会风教的维持与改善等等，毕竟又发挥了非常独特而重要的社会政治作用和历史影响，值得我们给予同情的理解和公正的看待。

## 一、皇权与儒家教育

儒家认为政治是人类最为重要的活动，是实现道义、引领人类过一种人道化的合理生活的最重要的途径和手段。上古三代时期，由圣人作王，实行仁政德教的善治，这是儒家认为的最理想的政治状态。但从孔子开始，圣与王分离，做王的未必圣贤，而具备圣贤的美德与品格者却未必能做王，要实现儒家治国平天下的理想，他们便不得不依赖现实君王的权势及对他们的任用。但是要达成君主与儒家之间的合作关系，其过程却是十分曲折的。

不论是孔子还是孟子，都曾周游列国以求见用。然而春秋战国之世，礼崩乐坏，各国统治者专注于战争兼并，儒家的礼乐教化却非短时可以奏效，所以两人都没有机会一展抱负。

秦始皇统一六国后，虽重用李斯等法吏，却也设立博士制度，将诸子各家的学者网罗其中。从史书看，博士中对秦朝影响较大的有属于儒家、法家、阴阳家的人物和一些方术之士。这些博士扮演的角色主要有两个：一是教育贵族子弟，二是做皇帝的政治顾问。但是儒家在秦朝做的最主要的工作是缘饰政治，至于大政方针，其所论多不合时代潮流，甚至以此取祸。

儒家在秦朝做的多是表面上的缘饰工作，比如协助李斯议定帝号。还有秦始皇东游，鲁地的儒生也为之著文，盛赞其功德，并商议封禅之事。而一旦涉及到重要而根本性的政治制度问题，儒家就显得不切实际，乃至在实行分封制还是郡县制问题上，仍然坚持主张统治者效法并实行上古殷周时期的分封制，并以古非今，结果引发了焚书坑儒的事件。由此可见，儒家与作为新生事物的大一统专制皇权一时还难以找到契合点，两者之间的冲突是不可避免的。

但是，儒家毕竟具有深厚的文化教养和传统根基，其适应力自然很强。它迅速调整了自己，逐步替代了法家及黄老，在汉代逐渐走进了历史政治舞台的中心。从儒家学者方面讲，这一适应性的转变开始于叔孙通，但决定性的转折则是由董仲舒完成的。

叔孙通所做的事情其实很简单，就是积极与汉王朝合作，具体的活动也是扬长避短：制定朝仪和做太子老师。这两件事充分展现了儒家对于当时政治的用处，使儒家得以停留在政治舞台上，为以后的儒教复兴作了准备。

汉高祖刘邦最初是个很瞧不起儒生的人，他对待儒生的典型态度是拿他们的帽子撒尿，并经常骂他们是迂腐的“竖儒”。但是，他后来的态度有很大的转变，主要是因为叔孙通一类儒生为其制订朝廷礼仪的工作使他尝到了皇帝尊贵的滋味。

刘邦做亭长的时候，曾因公务到过秦朝首都咸阳，远远望见秦始皇的仪仗队伍经过，声势浩大威武，不禁感慨：“大丈夫就应该这样啊！”但是他建立汉家王朝、做了皇帝之后，由于跟随他打天下的多是出身社会底层的草莽武夫，行为粗鲁，对他也很不尊重，经常在朝堂上饮酒争功，醉酒后则胡言乱语，或者拔剑乱砍，这使刘邦非常反感，却也无可奈何。

儒生叔孙通曾做过秦朝的博士，比较会揣摩皇帝的心思，认为这是一个能获得赏识的好机会，就对刘邦说：“儒生难与进取，但可与之守成。臣愿意征召鲁地儒生，与臣的弟子一起制定朝仪。”

刘邦就问：“不会太难吧？”

叔孙通对刘邦的脾性摸得很透，回答说：“五帝三王的礼乐制度都不同。所谓礼，是随着时世、人情的变化而制定，用来节制、修饰性情的。所以夏商周的礼多不重复。臣会选择比较适宜的古礼和秦仪，掺杂着制定朝仪。”

刘邦便说：“那你就试试吧，只是要易懂，并考虑我能做到才行。”

于是叔孙通就集合了一群儒生制定朝仪，十分成功，刘邦亲自参加演练后，大为感慨：“我今日才知道当皇帝的尊贵啊！”

刘邦为赏赐叔孙通的功劳，就任命他为掌管宗庙礼仪的太常，并赐金五百斤。叔孙通趁机进言："臣的弟子和其他儒生长久以来一直跟随臣，与臣一起制定朝仪，希望陛下也赐他们官爵。"刘邦就下旨把他们全部册封为郎官。后来叔孙通又参与制定了汉朝的许多礼仪制度，并且做太子太傅也很称职。

这表明，儒家与帝制皇权的合作迈出了很大一步，尽管还未占据主流地位，但毕竟找到了适合自己的位置。

后来到汉武帝时期，国力强盛，但汉初奉行黄老无为而治的思想却限制了皇权的扩张。而秦朝的覆灭又表明法家思想已不再适合作为官方思想。这时候，儒家进入汉武帝的视野。

儒家除了能缘饰政治这一较低层次的功能外，还有两大特点可以满足皇权的需要：首先，儒家的政治思想主张皇权积极有为，德泽天下，以带来国家的繁荣安定，这与权力或皇权的扩张本性相契合。尤其是董仲舒的《春秋繁露》，既确定了君权天授的原则，又以天变、灾异说限制皇权，表明这时的儒家对于皇权已经有了深刻的认识，并找到了对待皇权的较为成熟的方法和理论依据。

其次，儒学经过董仲舒的改造，完成了制度化或手段化的过程，对于政治的实用性大大增加。儒生们对于儒家经典的掌握十分纯熟，并将其与现实挂钩，或者把经义用于现实，或者从经义里寻求现实问题的解决之道。最典型的是董仲舒的《春秋决狱》，利用儒家经典《春秋》中的事例来决狱断事。至于在朝堂上议事，儒家亦动辄引经据典，表达自己的政治见解与主张。

儒学适应了皇权的需要，所以在董仲舒建议汉武帝“罢黜百家，独尊儒术”后，很快得到表彰实行。儒学由此被定为官方指导思想。伴随而来的则是儒生被大量启用，并逐步取代了以往研习法家之术的文吏和遵奉黄老之学的官员，成为官僚阶层的主流。中国历史遂完成“政治的儒家化”和“儒家的政治化”过程，开始了专制皇权与儒家两千多年的合作。

当然，儒家与皇权之间的关系总体上是合作，但实际上颇为复杂。儒家虽是皇权的坚定拥护者，但方式不一而足。儒家按照自己的道德理想来要求皇权，自然对皇权的非理性扩张或霸权滥用形成限制。这表现在儒臣对于君主的劝诫，他们以直谏甚至死谏的方式提醒皇帝要克己复礼，修德保民，压制自己过多的欲望。这有利于维持专制权力的理性运用。当然，儒家对于皇权有自己的认识和界定。比如，在我们今天看来，外戚和宦官作为皇权的衍生物，也可视为皇权的范畴。然而儒家为主的官僚阶层在历史上的绝大部分时间会与这两股势力作斗争，以保证皇权在常轨上运行。在斗争中，儒家也形成了“忠君”思想。

但是儒家并不是完全依附于皇权，它有自己的独立性。这主要表现为历代都有儒家学者始终不渝地坚持自己“守死善道”的信念和公天下的政治立场，并不断维护和强化着自身道统的独立性；另一方面，皇帝的政治权力和在选贤任能的原则下产生的具有儒家教育背景的丞相的行政权力之间也一直存在着难以消除的张力，尤其是在士人参政的官僚机构发达后，尽管皇帝不见得怎么贤明而有作为，但是国家的官僚机器却依然有可能有效运转，这其中儒家的入仕行义或得君行道的职守观无疑发挥了重要的支撑作用。

儒家与君权的合作，不仅表现为朝堂之上的君臣关系，还体现为师徒、师友关系，并且都有具体的制度保障，比如皇储教育制度及经筵制度，这些制度虽然看似对于国家大政方针没有什么实际影响，但从历史长河来说，又可以说是维持皇权与儒家长久关系的重要手段。

皇储作为皇位继承人，是“国之本”，可视为仅次于皇帝的第二号人物，自然应该研习治国之道，为将来治理天下做好准备。皇帝为了保证政权的延续，不仅在皇储的选择问题上十分慎重，对于皇储的教育问题也极为重视。

儒者博通经史，自然具备教育、辅助太子的资格条件。所以即使汉初以黄老治天下，汉高祖还是选择叔孙通作太傅。在儒家占据政治主流后，儒家学者更是成为教导太子的不二人选。历代皇帝一般选择德才兼备、博通儒家学问的学者型官员作为太子的老师和僚属，讲课内容自然以儒家经典为主。这样做有两个好处，一是使太子从小接受儒家教育，保证执政当权者在政治指导思想上尊奉儒术的一贯性及君臣之间在儒家教养上的一致性，可避免以后皇帝的行为及处理政事的理念与具有儒家教育背景的大臣们相差太大，减少两者之间的冲突。二是为太子即位准备好班底，保证太子能坐稳宝座。而这些班底以儒生为主，又起码历经两朝，对于政策的延续和政局的稳定具有重大作用。

至于经筵，简单来说就是以儒家经义为主的御前讲席。经筵可以说是对皇储教育的延续。皇帝从小到大乃至到死都接受儒家经典的灌输，名义上的作用是增进皇帝的品德，实际则是宣示皇帝与众官僚具有相同的儒家理想，并在儒家经典中寻求治国的良方。

而通过皇储教育及经筵制度等途径，儒家也使自己的政治文化理念得以延续，增强了他们维护皇权的决心和信心。

## 二、历代选官制度

儒家在历史上能占据政治文化的主流，与古代的选官制度有着最直接的关系。

三代的时候，国家用人采取世卿世禄制度，也就是说，当时不仅皇位是世袭的，连官职爵位也是世袭制，兄终弟及，父死子继。然而贵族子弟并非仅仅依其门第便可被选拔任用，当时在乡闾尚有官

孔子行教图

办的庠序，即古代的学校，用来教育公卿大夫子弟。贵族子弟从幼年入学，大约40岁才得以入仕做官，所谓学而优则仕。所以当时的官僚贵族，也有极高的文化修养，这从《左传》《国语》便可知晓。

到春秋时期，孔子首开私学，打破官学的垄断地位，凡自行束脩以上，皆能得到孔子的教诲，逐步形成一个士人阶层。这些士人有的是没落贵族，也有底层的手工业者和农家平民子弟出身的，他们经过自己的努力，具备了较高的修养和才能。这时的选官制度，除了传统贵族阶级的世卿制外，新兴的士人则通过客卿制得以登用。客卿，又称门客、食客，多为贵族豢养，如孟尝君有食客三千。这些门客依附于贵族，协助贵族处理政事及私人事务。

战国之世，自商鞅变法之后，又出现了以军功授以官爵的制度。当时秦国以客卿制度和军功授爵制，吸引和任用了大批人才，国力大增，最终统一了六国。

秦朝选官，多沿袭前代制度。值得一提的是博士制度。博士即博古通今之士，初期为一般学者的统称。后来齐、魏等国为招揽士人，设立博士官，主要职能是掌管礼仪，参与议政。秦统一六国后，也利用这一制度来网罗各地士人，以作为智囊团辅助决策。博士没有军功，所以等级较低，但是由于能参与议政，其实际地位则较为尊崇。

汉朝的选官制度，主要是察举和征辟。察举就是朝廷命令地方州郡等根据一定的科目和标准向中央举荐人才。

汉朝初建，多承续秦朝制度。然而国家刚平定，朝中多征战武夫，因此迫切需要懂文法的治国之才。而且汉政权起于社会底层，尤为注重笼络民间精英，所以汉高祖刘邦取得天下后，很快发布《求贤诏》，要求各地官吏察访贤人，登记造册，并向朝廷举荐。这开启汉朝察举制的先河。此后，汉文帝亦下诏求贤，并且对于所举人才有了一定的要求，即须是敢言直谏的贤良方正之士。汉武帝即位之初，要求察举贤良方正敢言直谏之士，但凡是研习法家、纵横家之学的，皆罢弃不用，明显倾向于儒家。后汉武帝又接受董仲舒建议，下诏各郡国，令每年各举孝者、廉者各一人，由此察举成为定制。

举孝廉是察举制度的核心。孝指孝悌，对父母有孝行；廉指廉洁，为官清正。所以孝廉包括孝子和廉吏两种人，有民有吏，打破阶级限制。当然，举孝廉不是地方官一人说了算，而要经过乡举里选，即在地方官的主持下由乡里的士绅、宗族推选和举荐。

察举分为常举和特举。常举即国家设定科目，并规定举荐的标准和人数，每年一次。常举主要是指举孝廉。特举则是根据国家需要而命令地方对特殊人才进行举荐。特举在西汉主要有贤良、秀才（或称茂才），仅规定员额，但是举荐的时间并不确定。到了东汉，茂才也成为常举制。

察举制的标准，主要有“四科取士”和“光禄四行”。四科取士的内容是：一曰德行高妙，志节清白；二曰学通行修，经中博士；三曰明达法令，足以决疑，能按章覆问，文中御史；四曰刚毅多略，遭事不惑，明足以决断，材任三辅令。光禄四行就是光禄勋考察人才的四个标准：敦厚、质朴、逊让、节俭。可以看出，德行是举荐的最重要的标准，而这正是儒家的主张。所以自汉武帝举孝廉后，儒生士人大量进入政府，并逐渐成为主流。

但察举之后，孝廉及贤良文人等并不立即授以官职，还要经历一次考试，如董仲舒就曾以贤良身份参加汉武帝主持的对策考试。但由于秉持儒家“行有余力则以学文”的主张，察举首重德行，次及才能，故察举实际上以举荐为主，考试为辅。东汉顺帝时，尚书令左雄建议改革察举制，内容包括孝廉需年满四十，并且儒生考试经学，文吏则考奏章。这说明察举制不断地走向成熟。

通过考试后，孝廉等还是不能立即被授以实职，而是要分配到郎署做郎官。郎官就是皇帝的侍从武官，承担宫廷的值宿和守卫之职。通过在宫廷任职，郎官们对于皇帝和大臣们如何处理政事耳濡目染，学习到一定的行政才能。任职期满后，孝廉们多会被授以官职。

察举之外还有征辟制。征指朝廷特别征召民间有名望或有才能的人出仕，辟则是高级主官自行辟除僚属，任以官职。

察举制的实行，有利于选拔天下英才，促进了社会阶层的流动，如汉武帝之时，儒家学者公孙弘虽然出身贫寒，却首先做到了宰相之职。社会阶层的流动使得社会下层的声音能够上达朝廷，有利于民生的改善和社会的稳定。

其次，察举制，尤其是举孝廉，也扩大了儒学的传播和影响力。并且，儒家由以前的布衣儒生进入政府任职，掌握国家政权，实现了向士大夫的转变，士人政治由此开始。

此外，尽管这时候的考试处于次要地位，但为以后的科举制做了铺垫。

但是察举制也有很多弊端。主要的症结在于察举制没有客观的量化标准，实际的权力又掌握在地方官员手里，不可避免导致腐败。一方面，官员利用手中的举荐权培植党羽，营私舞弊；另一方面，地方豪强往往垄断举荐名额，所举孝廉多是其子弟，寒士越来越难以改变自己的社会地位。并且，察举对于德行的过分重视，使得许多人为了能被举荐而沽名钓誉，败坏了社会风气。到汉末，察举越来越泛滥，考试也形同虚设，一次考试不过，还可以有多次考试机会，最后总能通过，并被授予官职。所以到最后，察举制选拔人才的作用大为降低，汉末有歌谣说："举秀才，不知书；察孝廉，父别居。"

值得注意的是，察举制的一大后果是造成士族的繁盛。士族是指在察举制下通过读书入仕而长盛不衰的强宗大族。汉末战乱，士族流离，乡举里选不能实行，察举制也告崩溃。而朝廷选用人才也无一定标准，于是到曹魏时期，由吏部尚书陈群对察举制进行改革，制定了九品中正制。

所谓九品中正制，又称九品官人法，就是在地方设置中正官，负责寻访、考察当地人才，并评定其高下。中正官对人才的评定分为九个品级，即上上、上中、上下、中上、中中、中下、下上、下中、下下九等。评定结论出来后，中正官就上报朝廷，由朝廷根据所评等级授以官职。

九品中正制的评判标准有三项：家世、道德和才能。初看起来，这三项标准尚比较合理。然而在实行过程中，却产生很大问题。这是因为道德和才能具有很强的主观性，而家世则比较明显。所以九品中正制在其实际操作中，往往以家世，即门阀的显赫程度决定品级，则士族可以累世为官，与世袭制并无差别。当时出现了"上品无寒门，下品无士族"的境况。

中正官的腐败也是一大问题。魏晋时期的大中正官多由在中央为官的当地人担任，一方面，中正官具有实权，因此作威作福往往根据主观好恶决定品级与取舍。另一方面，权力无制约，必然导致腐败。中正官的好恶，很大程度上取决于豪族的贿赂多寡，贿赂越多，品级越高，相反则越低。并且，皇帝本人带头卖官。晋武帝曾问大臣刘毅："卿认为朕可比汉朝哪个皇帝啊？"刘毅回答说："可比汉桓帝、汉灵帝。"桓、灵二帝是汉朝有名的昏君，晋武帝自然不愿与之同列："朕德行虽然不及古人，但是也能够克己为政，又平定吴国，统一天下，比作桓、灵是不是不妥当？"刘毅回答说："桓灵卖官，所得钱财尚收入官库；陛下卖官，却是占为己用。以此论之，陛下尚不及桓灵。"皇帝带头卖官，可想当时的官场何等黑暗。

士族的崛起，对于皇权也构成威胁。皇帝若得不到士族的支持，其政权便不能稳固。东晋时期，王导扶助皇族司马睿登上皇帝宝座，当时有"王与马共天下"之说。

这种近似世袭的选官制度，最后也导致士族自身的腐败堕落。由于仅仅依靠门第出仕，使得士族子弟多无真才实学，考试或交游赋诗，往往假手他人，与文盲并无二致。而且，奢靡的生活也败坏了士族的体质和精神，他们出门则坐车舆，下车则需人扶持，当时有诗形容士族之人"肤脆骨柔，不堪行步，体羸气弱，不耐寒暑"，所以往往猝死。建康令王复，从未骑过马，有一次见到马嘶腾跳跃，大惊道：“这明明是老虎，哪能叫马啊！”

由于士族堕落，不学无术，所以大量的政务交由庶族处理，使庶族地位逐渐上升，并掌握了一定的实权。但是在九品中正制下，他们的出路依然十分狭窄，迫切需要一种能选拔真才实学而又十分公平的选官制度的出现，这便有了后来的科举制度。

## 三、科举制：中国的“第五大发明”

科举制度是中国古代最重要、也是最有效的选官制度，它是中国人的独创。

科举制度产生于隋唐时期。隋文帝时期，有明经、秀才科，开皇十八年（598年），又开志行修谨、清平干济二科取士，并逐步将六品以下官吏的选拔权力收归中央，州郡不再有辟用权。隋炀帝即位后，于大业元年（605年）设立进士科，以策论取人，这标志着科举制度正式确立。此后科举制度经过历代的改革发展，不断完善，成为隋唐后最主要的选官制度，到1905年废除科举，共实行了1300年。

唐朝建立后，多承隋制。唐代科举有六科，分秀才、明经、进士、明法、明书、明算。当时最受重视的是进士和明经两科，以诗赋考取的谓之进士，以经义考取的则为明经。但明经所考，只是贴经墨义，就是从经文中取出一句或一段话，空出几个字让考生填补，或者对字句的意思进行解释，大体上考的是背诵记忆能力，相对比较简单。而诗赋的要求则比较高。大约唐代以诗赋选取人才，而明经则重在鼓励民间读书。至于秀才考的是策论，即关于时政问题的看法及对策，此科最能选拔人才，故在六科中等级最高，但是录取人数很少，考试内容也比较难，所以士人参加科举多选进士、明经科，其中又以明经科入仕者最多。而明法、明书、明算则属于技术性的考试，尽管地位低于进士、明经，但也说明统治者对此比较重视。这六科是常科，岁举常选。此外还有制科,是皇帝根据需要举行的临时考试。武则天时期，又开武科，以选拔武官。武则天还开创殿试、糊名的先例。

科举图（宋代）

宋代也沿用唐代制度，并加以改进。主要表现在，一是确立殿试制度，由此形成州试（州府主持）、省试（礼部主持）、殿试（皇帝或高级官员主持）的三级考试制度。二是确定了“三年大比”的考试时间。宋初科举时间经常变动，有每年一考、两年一考或三年一考，宋英宗时候，下诏定为三年一考，遂成定制。三是考试的保密性工作更为完善，糊名法、誊录法等得到广泛运用。糊名就是把考生名字糊上，不使考官看到；誊录法则是将考生卷子另行誊录交与考官审阅，这些方法大大杜绝了考官腐败现象，增强了考试的公平性。此外，宋代对于士大夫极为优待，科举录取的人数大为增加，而且凡是进入殿试者，皆予以录取。

明清的科举考试臻于完善。明代，科举考试成为名义上唯一的选取文官的方式。明太祖朱元璋于洪武三年（1370 年）下诏开始实行科举制度，并在诏书中言明：“使中外文臣皆由科举而进，非科举毋得与官。”这说明要考取文官，只有科举一条路可走。明代还规定考生必须出自学校，包括国子监和地方学校。考试内容则以朱子所注解的“四书”及“五经”为本，考试文体也定为八股文。八股文的程式包括破题、承题、起讲、提比、中比、后比、末比（束比）、比结，其中提比至末比是文章主体，各要求两股排偶，共八股，所以称之为八股文。这表明科举考试形式越来越规范化。

另外，明代科举虽然是乡试、会试、殿试三级，但需先通过童试考取秀才，才能获得科举考试的资格。乡试合格则为举人，其中第一名称为解元。举人已具备做官的资格，如海瑞便是举人出身为官，但这种人

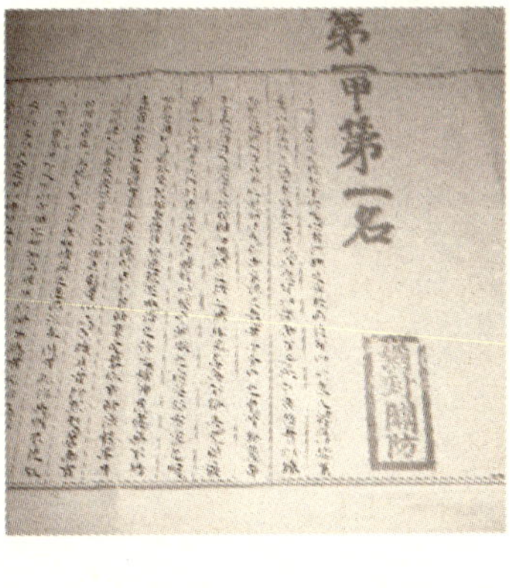


明代状元赵秉忠的殿试对策

很少。会试后为贡生，第一名称为会元。然后通过殿试，就成为进士。殿试分为三甲。一甲三名，依次为状元、榜眼、探花，赐“进士及第”；二甲若干名，赐“进士出身”；三甲人数不确定，赐“同进士出身”。

清代科举多借鉴明朝。清末内忧外患，时人一致归罪于科举不能拣选人才，所以改革科举，废除八股文，增加考试科目，又不断递减录取率，最后在张之洞、袁世凯的倡议下，慈禧于1905年最终废除了科举考试制度。



但科举制的确是个伟大的制度，它在1300年的演变过程中，对于中国社会的进步、政治的稳定和文化的传承，发挥了不可估量的作用。

首先，科举考试是一个公平而又公正的制度。科举考试对于荡平阶级，创造一个平等化的社会具有重大作用。以往的世袭制、察举制下，国家权力被相对固定的少数人占据，而对社会的绝大多数人则

江南贡院（位于南京）

是封闭的。科举制的出现，代表着国家权力向公众的敞开，社会的绝大多数人，不论家庭贫富、门第高低、年龄大小，只要有志于科举，并且能够努力读书，客观上都可以通过这个途径改变自己的出身命运及家族的社会地位，所谓“朝为田舍郎，暮登天子堂”，它所体现的是唯才是举的公平精神。

科举考试不仅机会平等，而且也十分公正。为了防止考试作弊，历次科考的主考官经常替换，并且主考官在考前要住进被封锁的贡院，不得与外界联系；考生进场，则有严格的搜身制度，防止夹带小抄；考试结束后，对于试卷实行糊名制，防止阅卷者看到考生名字；这还不够，为了避免阅卷者根据笔记识人，试卷还要先行誊录，阅卷者只能看誊录的那一份试卷，看不到原卷。此外，科举制度还有严格的条例和处罚措施，规定了科考的方方面面，对于违反条例，尤其是舞弊者实行严酷的处罚。这些制度大大减少了考官的主观因素和舞弊行为，保证了考试的公正性。

其次，科举制度作为一种选官方式，造就了一个高素质的文官队伍。科举使得政治领域聚集了大批社会精英，他们从小研习儒家经典，具有治国平天下、以天下为己任的抱负，又深通治国之道，其才能是无可质疑的。科举考试十分激烈残酷，仅在宋朝的时候，参加进士考试的人数达到一万几千人，但是录取率却不到百分之一，能通过者绝非侥幸。而且，明清时秀才、举人多做幕僚，很少有机会做官，所以国家从中央的宰相、首辅到地方的知县，基本都是进士出身，整个国家的官员素质之高可想而知。这样就形成皇帝与士大夫共治天下的局面。

值得注意的是，在文官系统之下、平民之上，科举制还造就了一个士绅阶层。这些士绅多是告老还乡的退休官僚或者是没有官职的秀才、举人。他们一方面与官府合作，协助官府完成诸如收税、教育、诉讼、兴办公益等事项；另一方面又代表地方利益与官府打交道，成为当地的利益代言人。所以他们在国家的社会政治生活中也是一股不可小视的力量。

第三，科举考试对于文化的传承具有重大推动作用。科举考试的内容对于文化的繁荣起到积极的引导作用。唐宋时期有以辞赋取士科目，促进了唐诗宋词等文学形式的繁荣，至于明清小说的兴盛，与当时的八股文训练亦不无关系。而以儒家经典作为考试科目，则使士人从魏晋的清谈转而深入研究儒学，从而带来宋明理学的大发展。

科举对文化的促进还表现在，科举体现的是学而优则仕的理念，在它的引导下，社会形成重视教育的氛围。许多落第士人或待第士人开办私学，一方面作为谋生之手段，以备再考，另一方面也促进了学校、私塾的发展和文化的传播。而且，许多进士也不愿为官，转而投身教育事业，增强了当时的师资力量。尤其是农村也兴起读书之风，农民只要少有经济条件，无不送其子弟读书参加科举，以求取得功名，改换门庭。在这个过程中，不仅大大提高了

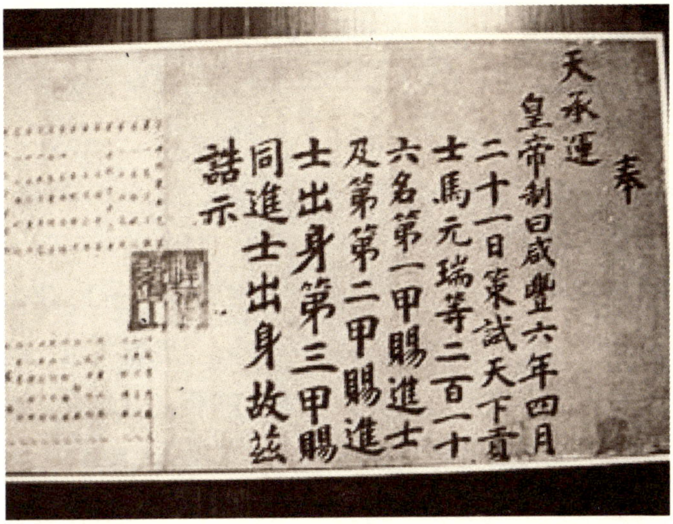


清代“金榜”



农村的文化水平，而且儒家的道德理念也得以宣扬，起到移风易俗的作用，促进了社会整体的文明进步。

第四，科举考试有利于维持大一统的稳定局面。专制皇权与郡县制和科举制是相得益彰的。在世袭和察举制度下，士族无疑相当于一个个割据势力，他们往往在自己的辖地胡作非为，比如晋朝的石崇，自己本身为荆州刺史，却抢劫过往的客商，以此富可敌国。而皇帝本身需要这些士族的支持，对他们也无可奈何。科举制下，选拔和用人的权力主要集中在中央，使中央对地方的控制力大为增强，而且儒家经典熏陶出来的官僚多具有忠君思想，所以唐宋以后的政治状况是有反叛的民众，但是没有反叛的官吏。其实科举初期的唐代并没有认识到这一点，对于科举的重视不够，过分增加节度使的权力，最后导致藩镇割据，酿成五代之乱。宋朝则对科举的作用有着较为清醒的认识，重用文官，不杀大臣，大力发展科举。明清也认识到科举的这一优点，通过科举控制人事权，增强中央对地方的控制，缓和了统治阶层内部矛盾，维护了社会的安定。

当然，科举制度也的确存在着一些问题，比如，它并不能完全消除营私舞弊现象；对考取功名的人过分尊崇，加剧了古代政府的官僚习气和腐败作风；一试定终身，缺乏对所选官吏的培训机制；以及八股文形式上的过于僵化之弊等等。还有就是，它使儒生士人的人生价值系于科考之一途，如宋真宗的《劝学诗》所说："富家不用买良田，书中自有千钟粟；安居不用架高堂，书中自有黄金屋；出门莫恨无人随，书中车马多如簇；娶妻莫恨无良媒，书中自有颜如玉；男儿若遂平生志，六经勤向窗前读。"科考成功者固然可以体验到人生的得意，正所谓："久旱逢甘雨，他乡遇故知。洞房花烛夜，金榜题名时。"但科考的失败更会给许多人造成极大的人生伤害，那就是："寡妇携儿泣，将军被敌擒。失恩宫女面，下第举子心。"

但，总体而言，科举制度是一项值得肯定的选官制度，科举的目的是选拔掌握公共权力的官吏，所以必须公平、公正，使参加考试者尽量机会均等，公平竞争。作为一种公平的选官制度，它无疑是成功的。它对于当今社会也很有启发意义。近代以来，这一制度为西方借鉴，促进了西方文官系统的建立。可以说，科举制度是一项充满古人智慧的儒家政制设计，是中国贡献给世界的"第五大发明"。

# 结语

就儒家政治文化来讲，我们主要是从王权与儒教关系的角度来加以审视和描述的。毋庸讳言，在儒教中国的历史上，儒家政治文化也许主要是为专制王权及其政治统治提供了一种正当性的理由，发挥的是润滑剂的作用。正如古希腊哲学家苏格拉底所说，“跟权力调情的人将被迫与其同床”，儒家既然要想实现其圣人之道与帝王之势结合在一起的政治文化目标，这种情况便不可避免，因为没有教养的权力和没有权力的道义的结合，其结果肯定总是以权力的加强与正当化和道义的被占有与盗用而告终。在历史上，儒家虽然试图教养和驯化乾纲独断的专制王权，但它在这一点上终究还是难以发挥一种旋乾转坤式的力量。

然而，儒家在历史上仅仅扮演的是一种专制统治的帮凶的政治文化角色吗？儒家还有没有作为共同体的领路人发挥过其他的政治文化功能与历史作用呢？我们认为，这是两个应以历史的、客观而公正的态度给予认真思考和严肃对待的问题。

在儒家的教养特别是在它与权力仕途相关联的制度激励下，的确培养出了不计其数的热衷于仕进、欺世盗名的功名利禄之徒，但是，不可否认的是，在儒家教养的精神氛围中，也的确能够“养得胸中一种恬静书味”，乃至养成诗书宽大之气、诗礼传家之风和仁爱循良之吏。

儒家的文化教养虽然不能彻底根除或消解专制王权的专断暴戾之气，但是，儒家对修身为己、道德性命之学的讲求与践行，对由内圣而外王、修齐治平、以德化民的政治路线图的诉求与期望，对天下为公、协和万邦、天下大同的社会政治理想的追求与向往，对构建和谐社会生活、追求政治文明之道的不懈努力，又的的确确对包括专制君主在内的所有人具有一种激励人生向上和引领政治改良的积极意义。

儒家思想中所含有的对人间秩序进行全面安排的意识形态意图及其等级性的礼教或纲常名教的理念，的确可以与专制王权的政治统治意向构成相辅相成的政治形态格局，乃至对专制王权对所有臣民实施全面的人身支配与权力规制发挥过助成之功，但是，我们却不能因此就说儒家对人类正确行为与和谐的共同生活之道的追求和向往本身天然就是一种邪恶的阴谋。

儒家的政治论说及其思维方式如汉儒董仲舒的“受命而王”、天人感应及其灾异谴告之说等，尽管可以用来赋予专制王权及其政治统治以一种天命的正当性，乃至充斥着浓厚的宗教信仰的神秘因素，不过，即使如此，董仲舒的政治思想中也还含有一些合理的精神内核，如欲以天权限制王权，制约统治者对权力的恣意妄为的滥用，或者以天灾来催迫统治者对自己的政治过失随时保持一种警醒的意识与态度，来警示统治者应承担的政治责任，要他们以积极的态度和政策措施来应对和消弭自然的灾害。

对儒家来讲，世界上有两种力量最为尊显和强大，一种是圣人的道理或道义，另一种是帝王的势位与权力。尽管圣人之道在现实中常常屈尊于专制的王权，但在信念中儒家却深信道理与道义最终会战胜暴力与权势。

正是在对圣人之道或儒家道义的追求中，儒家开辟了一个士人参政的公共行动领域。在这一公共行动的政治领域，富有理想和抱负的儒家学者与官员们坚守和维护着人道为怀、道德育人、以民为本、关切民生的公共道义。

儒家深信人类学习的潜在能力与教育的伟大力量与作用，并希望通过教育的方式和途径来培育和提升包括统治者在内的所有人的道德人格与文明教养、来推动和增进政治的改良和进步。

儒家认为，统治者或士人政府有责任兴办公共学校教育，以便使人民变得更有道德、学识和教养，统治者和士人政府也有责任遵循和践行仁道的正义，以仁心行仁政来保障民生，与人民忧乐与共。当然，在今天，民生政治还有待于发展为民权政治，旨在提升国民道德品质与文明教养的教化观念还有待于拓展其内涵而发展为培养和提升人民的理性思考和政治参与的全民教育理念。

儒家的政治视野或儒家政治文化的核心价值，可以说主要就体现在以德服人、博施济众的王道政治，以民为本、保障民生的仁道政治，修己安人、教化治国的道德政治等诸种政治理念之上。这种政治既希望以道德的圣贤来作政治的主体，更强调从政当权者必须加强自身的道德修养，承担“以善养人”、仁民爱物的责任，而给予人民深切的道德关怀。

人们常常批评儒家的道德政治视野将道德问题与政治问题混同为一，也许儒家确有此病，但如果我们可以把道德进步看作是一项增进敏感性的事情，“一项增进对越来越多的人和事的反应能力的事情”的话，那么，儒家道德政治视野的积极意义就在于，他们那以民为本、保障民生的仁政理念正是希望统治者或士人政府能够具备对广大人民的各种需要作出积极反应的治国理政的能力。

总之，我们认为，我们需要正本清源，需要厘清儒家政治文化信念的古典本义及其在历史上的误用，需要厘清今人对它的各种误解或过度的诠释，以便获得一种对它的更好的理解，既正视儒家政治视野和政治思维的固有缺陷，亦能不惮乎挖掘和转化运用其内含的富有启示意义和理想价值的思想观念资源。当然，任何美好的期望和理想的愿景，都有可能在历史上或现实中被误用或滥用，从而导致或带来极为有害的政治后果或现实影响，但是，理想之所以是理想，就在于它可以为我们提供一个标准和尺度，具有用以评判现实、激发行动、引领未来的意义与作用。而在厘清了各种误解和理想的价值之后，特别是当我们不再将文明与道德的共同体的延续等同于帝制中国的维持时，我们也就真正来到并站在我们历史的转折点上了！

是的，苏格拉底说过上面的那句名言，不过，据说苏格拉底的妻子克珊西帕是一个泼妇，所以他还说过，他和泼妇生活在一起，“能使我学会调整自己，以适应世界上的其他人”。既然苏格拉底因为能够与泼妇型的妻子生活在一起，从而把自己调整得能与他人相处得更好一样，那么，儒家既然在历史上能够与喜怒无常、神鬼莫测的专制君主相伴共生，我们也但愿它今天把自己调整得能与自由民主、法治宪政的时代相处得更好，乃至焕发出新生！

因为，在我们看来，儒家的政治文化视野中，毕竟还蕴涵着某种深刻而依然能够散发出光辉的政治良知或许多富有教益的政治智慧，诸如天下为公的公共理念，政治的人民性信念与保障民生的仁道（或人道），正义或民生政治主张，促进和推动公共教育事业以提升国民道德品质与文明教养的政府责任意识与观念，大同小康的社会理想追求等等，作为我们自身所隶属或不得不面对的一种文化传统或文化遗产，我们不希望它们轻易地遭人唾弃而被掩埋在历史的尘埃之中。除了那些错误、有害和过时而应加以屏除和抛弃的之外，有的富有教益、值得珍视，便可以“直取而用之”；有的利弊参半、精粗相混，那就扬弃转化而用之；有的限于时代、囿于阶级，也可以淬砺创新而用之。

# 后记

能够参加这套“儒家文化大众读本”的编著工作，并承担《与权力对话——儒家政治文化》一书的撰写，笔者实在是倍感荣幸，并一直心怀感激。首先要感谢王钧林、杨朝明诸位师友的推荐引介，其次应感谢中国孔子基金会梁国典秘书长和彭彦华女士的信任和关照，再就是要感谢山东教育出版社臧伟先生对本书耐心细致的精审校阅。没有他们的推荐引介、信任关照和细心审校，我们的这本小书恐怕是很难以这样一种形式得以顺利地出版面世的。另外，需要说明的是，这本小书是由我和我指导的一位博士研究生侯长安一起合作而共同完成的，该生好学深思，是一位能够静下心来研究学问的学子，没有他的合作，本书也很难顺利地完成，故在此也应向他表示谢意。本书由我初步拟订出大纲并最后统稿，我本人具体负责撰写的部分是引言、一、二和结语部分，侯长安具体负责撰写的部分是三、四部分，本来侯长安还撰写了另外一部分内容（古圣先王的故事儒家心目中的理想时代),后因篇幅要求所限，不得不将这部分内容忍痛割舍掉了。书中疏漏纰缪之处由我本人负责，恳请读者朋友不吝批评赐教。

另外，借此撰写后记的机会，笔者还想谈一点最近一段时间的个人感想，以便与阅读了本书的读者朋友进一步交流一些有关儒家与帝王、儒教与皇权、儒学与政治的关系问题的看法。在我看来，在历史上儒家与帝王、儒教与皇权、儒学与政治之间的关系实在是一种剪不断、理还乱的关系，二者之间既有合作，又有冲突，既有帝王对儒教的工具化的御用，亦有儒家对皇权的道德性的抗争。然而，这样一种历史地形成的错综复杂的关系，在今人的眼中却往往被人们作一种简化的处理，乃至导致了种种历史认识上的思想混乱。在此，我只想就日趋高涨的儒学或儒教复兴论者在历史认识上的错乱意识谈一点个人看法。

宋人有诗云:“严霜烈日都经过，次第春风到草庐。”这两句诗的意境用到今天儒学或儒教复兴的文化运动上似乎是再恰当不过了。在经过了严霜烈日的考验之后，春风的和煦肯定是令人陶醉的，然而，当日趋高涨的热潮热得过度时，人们也是易于迷失掉清醒意识的，据我的观察，这一点已初步显露在儒学或儒教复兴论者的错乱的历史认识的思维逻辑和暧昧意识之上。

有人主张儒教复兴的“上行路线”，主张立儒教为国教，显然对假势以行道寄予了过高的期望，而这一过高的期望恰恰来自于对历史上帝王尊儒的全面肯定。不仅如此，有的儒学复兴论者还对历史上尊儒不尊儒的帝王不仅给予深切的同情，甚至还唱起了赞歌。譬如有人一方面大讲特讲孔孟儒家“对王权的批判、反抗”“对专制的批判”，而另一方面同时又极力强调古代王权（秦汉以后的皇权）“对社会的控制”是有限的，而“天高皇帝远”、“帝力于我何有哉”才是“社会的常态”，这不禁让人想起塞万提斯笔下的唐·吉诃德大战风车的故事，既然古代王权对社会的控制是有限的，是与“地方自治传统”下的老百姓的自由美好生活不相干的，那么，儒家还要批判、反抗王权干什么呢？难道是因为古代王权对社会的控制是有限的，而对儒家的控制是无限的，故而才惹得儒家非要批判和反抗它不成？讲儒家“对王权的批判、反抗”“对专制的批判”的人还讲儒家不存在什么“圣王崇拜”的问题，似乎认为批判专制王权与圣王崇拜是矛盾而不能并存的，殊不知对于历史上的儒家而言，对专制帝王或专断王权的现实批判却并不妨碍他们推崇理想的圣王统治。还有人讲：“现在有很多很无聊的说法，比如说中国两千年来的专制制度是很糟糕的制度，应该批判，这是非常无聊的。如果中国没有两千年的皇权制度，中国早就不行了；但这并不表明今天也应该实行皇权制度。这是‘时移事易’的问题。”这话至少在我看来是非常暧昧而令人费解的，这话的意思从正面讲似乎是说:“中国两千年来的专制制度是很好的制度，不应该批判，谁批判谁无聊。”或者说，“中国两千年来的皇权制度根本就不是什么专制制度”，而“中国之所以是中国正是靠了皇权制度才维持延续了两千年。”这涉及到如何来看待和评价历史上的皇权制度的问题，甚至上升到了如何来看待中国之历史命运的大问题。不过，上面的讲法无疑是需要论证才能成立的，它至少需要告诉我们何以皇权制度延续存在了两千年才失去其合理性，以及在皇权制度延续存在了两千年而被废除之后的今天才成了一个不应实行的“时移事易”的问题？历史问题是不能无聊地随口乱讲的，如果说皇权制度在历史上一直都是维系中国命脉的根本制度，一直都是绝对合理的，乃至在今天批判历史上的专制皇权都很无聊的话，那么诸如孔孟痛切批判暴君苛政，思孟念兹在兹地以德抗位并强调民贵君轻，汉儒贾谊汲汲于发表“过秦”之论和董仲舒试图以天权限制王权，东汉末思想家深刻反省帝王“以一威权，以专天下”的弊害，乃至明末清初思想家黄宗羲和唐甄斥责君主为“天下之大害”和“自秦以来，凡为帝王者皆贼也”，等等，难道他们都是不明白中国之为中国全在皇权制度这种道理的无聊之人吗？悲乎！今天的某些儒学复兴论者或号称“大陆新儒家”的儒者似乎已不愿像一心一意地要“格君心之非”的孔孟古典儒家和汉唐宋明的儒家那样对专断王权或暴君污吏们再心存批判反省的警觉意识了，他们究竟被什么蒙住了历史认识的理性眼光，乃至怀着一种爱屋及乌的无聊心态，因认同儒家、儒学和儒教，而竟至于容不得有学者对历史上的专制王权进行批判反思呢？基于一种错误的历史认识而在今天倡导复兴儒学儒教，难道不会犯“方向性的错误”吗？这是一个需要今天的儒学或儒教复兴论者认真思考和对待的问题。至少在我看来，儒家学者在今天日趋高涨的“儒学热”“国学热”的浪潮中，最吃紧的是唯有“养得胸中一种恬静书味”，唯有养得胸中一种“诗书宽大之气”，唯有养得胸中一种开放包容、独立自由精神，也唯有养得胸中一种“识大体”的历史见识，乃至认清历史上儒家与帝王（或统治者）、儒教与王权（或国家权力）、儒学与政治的错综复杂关系的真相与性质，儒学或儒教的当下复兴才有可能成为当代中国的一项严肃而有意义的事业，否则，则徒滋无谓之纷争而已。而关于中国历史上儒家与帝王、儒教与王权、儒学与政治的关系问题，但愿我们的这本小书能于此有所贡献，是为志。

林存光

2010年10月1日

**图书在版编目（CIP）数据**

与权力对话：儒家政治文化 / 林存光，侯长安著.
—济南：山东教育出版社，2011
（儒家文化大众读本）
ISBN 978-7-5328-6805-6

Ⅰ. ① 与… Ⅱ. ① 林… Ⅲ. ① 儒家—政治文化—中国
Ⅳ. ① D092.2 ② B222

中国版本图书馆 CIP 数据核字（2011）第 026299 号

**儒家文化大众读本**

**与权力对话**——儒家政治文化

**林存光　侯长安　著**

主　　管：山东出版集团
出 版 者：山东教育出版社
（济南市纬一路 321 号　邮编：250001）
电　　话：（0531）82092663　传真：（0531）82092661
网　　址：http://www.sjs.com.cn
发 行 者：山东教育出版社
印　　刷：山东临沂新华印刷物流集团有限责任公司
版　　次：2011 年 3 月第 1 版第 1 次印刷
规　　格：787mm × 1092mm　1/16
印　　张：15.75 印张
字　　数：144 千字
书　　号：ISBN 978-7-5328-6805-6
定　　价：35.00 元

（如印装质量有问题，请与印刷厂联系调换）

**电话：0539—2925659**